ZOUJIN WENYANWEN

走进文言文

古代聪明人的故事

杨振中 编著

上海远东出版社

图书在版编目(CIP)数据

走进文言文.古代聪明人的故事/杨振中编著.—上海：上海远东出版社,2022
ISBN 978-7-5476-1827-1

Ⅰ.①走… Ⅱ.①杨… Ⅲ.①文言文—中学—教学参考资料 Ⅳ.①G634.303

中国版本图书馆 CIP 数据核字(2022)第 129255 号

责任编辑 唐 鋆
封面设计 李 廉

走进文言文.古代聪明人的故事
杨振中 编著

出　　版　上海远东出版社
　　　　　　　(201101　上海市闵行区号景路 159 弄 C 座)
发　　行　上海人民出版社发行中心
印　　刷　上海信老印刷厂
开　　本　787×960　1/16
印　　张　11
字　　数　201,000
版　　次　2022 年 9 月第 1 版
印　　次　2022 年 9 月第 1 次印刷
ISBN 978-7-5476-1827-1/G・1143
定　　价　42.00 元

目 录

走进文言文·古代聪明人的故事

 # 鲁宗道实言答宋帝

　　(鲁宗道)为谕德①时,居近酒肆,尝微行就饮肆中,偶真宗亟召,使者及门久之,宗道方自酒肆来。使者先入,约曰:"即上怪公来迟,何以为对?"宗道曰:"第②以实言之。"使者曰:"然则当得罪。"曰:"饮酒,人之常情;欺君,臣子之大罪也。"真宗果问,使者具以宗道所言对。帝诘之,宗道谢曰:"有故人自乡里来,臣家贫无杯盘,故就酒家饮。"帝以为忠实可大用。

注释

　　① 谕德:官名,掌对太子教谕道德,唐朝设置,至清朝废除。　② 第:只管。

故事大意

　　(鲁宗道)担任谕德时,住所靠近酒肆,曾穿便服到酒肆去饮酒,恰巧遇到真宗紧急召见,使者已到他家等了很久,宗道才从酒肆回来。使者要先回去复命,与(宗道)商议说:"如果圣上怪公来迟,该如何回答?"宗道说:"(你)只管如实回答。"使者又说:"如果这样你可能获罪。"(宗道)说:"饮酒,是人之常情;而欺君,就是臣子的大罪了。"真宗果然问起,使

者按宗道所说如实回答。真宗又质问宗道,宗道谢罪并解释说:"有故人从乡里来,臣家里贫穷杯盘不齐备,所以就到酒家去招待客人。"真宗认为他忠厚老实可以重用。

小知识

1. 诚实是一种高贵品德。鲁宗道诚实,所以获得了皇帝的信任,认为其可以担当重任。相反,那些花言巧语、见风使舵的人,往往阳奉阴违,不堪重托。

2. 释"肆"。文中有两个"肆",都指店铺。酒肆即酒馆。又,"入书肆读",意为进书店读书。又,"是肆不售药",意为这家店不卖药品。

练习

1 解释文中加点的词。

① 尝 _____

② 对 _____

③ 具 _____

④ 谢 _____

⑤ 故 _____

2 翻译。

① 何以为对?

_____

② 然则当得罪。

_____

2 文氏儿子穷则思变

　　文氏家贫,有儿舞象之年①,外出为佣。主家林木茂盛,居处优美。一载后儿归家,言于父母曰:"吾家前有荒丘,何不植树造林?"母曰:"无钱市得木苗。"儿曰:"吾有亲戚与友,可贷款。"遂向其借贷,市得苗千株,植于荒山。文氏夫妻天旱则浇水,久雨则排涝。辛苦十年,树皆成材,于是造房盖屋,余者售之,得银甚多。儿娶妻育子,其木取之不尽,用之不竭。父曰:"吾儿目光远大,吾辈不及也。"

注释

① 舞象之年,古代男子15岁—20岁时期的称谓。

故事大意

　　文氏一家很贫穷,儿子不到二十岁,外出做帮工。主人家树木茂盛,住的地方环境优美。一年后文氏儿子回家,对父母说:"我们家前面有荒山,为什么不植树造林?"母亲说:"没钱买树苗。"儿子说:"我有亲戚和朋友,可向他们借贷。"于是就向亲友借钱,买来千株树苗,种在荒山上。文氏夫妻俩天旱便给树浇水,天久雨便上山排涝。辛苦培育十年,树木都成材了,于是文氏将树木用来建造房屋,将多余的木料出售,得到了很多银子。儿子娶妻生子,那木材取之不尽,用之不竭。父亲说:"我儿子目光远大,我们比不上他。"

小知识

1. 中国自古重视植树造林,《礼记》记载:"孟春之月,盛德在木。"早在先秦时期,就设专职"林衡"或"山虞",负责植树和保护山林资源。即使在诸侯混战的春秋战国,植树依然盛行。

2. 释"氏"。古代姓与氏是有区别的,"姓"用来区分人们的血缘关系,"氏"用来说明人们的身份贵贱。在父系社会,"男子称氏,妇人称姓"。到了秦汉时期,姓氏合而为一,意思逐渐没有区别。

练习

1 解释文中加点的词。

① 佣 _____

② 载 _____

③ 贷 _____

④ 市 _____

⑤ 竭 _____

2 翻译。

① 无钱市得木苗。

_____

② 吾辈不及也。

_____

3 杨生"钓"黄鼠狼

　　黄鼠狼①嗜夜窃鸡而食。杨生家之鸡，卵可食，亦可孵雏，雏有余，可售，以补家用。然鸡常为黄鼠狼所食，杨生患之。其儿善钓鱼，杨生思之，鱼可上钩，黄鼠狼亦可上钩，何不以鱼钩钓黄鼠狼。于是向其儿乞得鱼钩十数，系于鸡颈。是夜，杨生掩其门，俟②于门后。黄鼠狼果来，方食鸡，为鱼钩钩住。杨生亟以棍击杀之。时狼皮贵，售后得钱五银，一举两得。儿夸其父有智。

注释

　　① 黄鼠狼：一种野生的动物，体小，喜食鸡鸭之类的小动物。　② 俟(sì)：等待。

故事大意

　　黄鼠狼喜欢在夜间出来偷鸡吃。杨生家养了鸡，蛋可吃，也可孵小鸡，如果小鸡有多余，便售卖，用来贴补家用。然而鸡常被黄鼠狼吃掉，杨生为此感到忧虑。他的儿子善于钓鱼，杨生想，鱼可上钩，黄鼠狼也可上钩，为什么不用鱼钩钓黄鼠狼呢？于是他向儿子讨了十来只鱼钩，系在鸡的颈部。这天晚上，杨生半关着门，等候在门后。黄鼠狼果然来了，

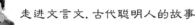

正当它要吃鸡的时候,被鱼钩钩住。杨生急忙用棍子打死了它。当时黄鼠狼的皮昂贵,卖了五两银子,一举两得。儿子夸赞父亲有智慧。

小知识

1. 黄鼠狼昼伏夜出,而且行动迅速,人很难抓住它。但人有智慧,可借此胜过黄鼠狼。用鱼钩钩住黄鼠狼,一般人是想不出这主意的,杨生的智慧胜人一筹。

2. 释"俟"。上文"俟于门后"中的俟,指等候。又,"薄暮,吾俟父归",意为傍晚,我等候父亲回家。又,"吾俟于村外,望友人至",意为我等候在村外,盼望朋友到来。

练习

1 解释文中加点的词。
①嗜 _____
②雏 _____
③售 _____
④乞 _____
⑤系 _____
⑥殴 _____

2 翻译。
杨生患之。

_____

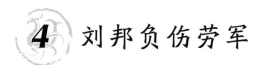

4 刘邦负伤劳军

秦朝末年,天下大乱。刘邦①与项羽争霸。汉王②历数项羽之罪,项羽大怒,伏弩③射中汉王。汉王伤胸,乃扪足曰:"虏中吾指!"汉王病创卧,张良强请汉王起行劳军,以安士卒,毋令楚乘胜于汉。

注释

① 刘邦:西汉开国皇帝,世称汉高祖。　② 汉王:指刘邦。　③ 伏弩:暗箭。

故事大意

秦朝末年,天下大乱,刘邦和项羽争夺霸权。汉王一一地斥责项羽的罪恶,项羽大怒,用暗箭射中了汉王。汉王伤到了胸部,却摸着他的脚说:"敌人的箭射中了我的脚趾!"汉王受伤后卧床休养,张良硬要刘邦起身巡视慰劳军队,以安定军心,不让楚军乘机战胜汉军。

小知识

1. 俗话说:一个好汉三个帮。刘邦靠着韩信、张良与萧何这三个关键人物,最终战胜了项羽。而项羽是个鲁莽的勇夫,企图靠武力占有天下,他仅有的一个谋士范增还被他赶走了。最终项羽自刎而死,刘邦夺取了天下,世称汉高祖。

2. 释"创"。它是指伤、受伤。上文"汉王病创卧",意为刘邦受伤卧在床上。又,"吾创未愈,不得耕作",意为我的伤还没好,不能下田耕作。又,"为蛇所创,遽治",意为被蛇咬伤,立刻治疗。

练习

1 解释文中加点的词。
　　① 数 ＿＿＿＿＿＿
　　② 扪 ＿＿＿＿＿＿
　　③ 指 ＿＿＿＿＿＿
　　④ 安 ＿＿＿＿＿＿

2 翻译。
张良强请汉王起行劳军。

_____

5　范忠宣行植桑减罪

范忠宣为襄城①县令，襄俗不事养蚕织布，鲜有植桑者，范患之。因②民之有罪而情轻者，使植桑于家旁，多寡随罪之轻重而定。茂者减罪，衰者加罪。故家家植桑养蚕。蚕结茧，抽其丝，可纺织。于是襄城之民衣食有余。范罢官后，民怀之不忘。

注释

① 襄城：古地名。　② 因：凭借。

故事大意

范忠宣是襄城的县官，襄城人习惯不从事养蚕织布，很少有种桑树的，范忠宣对此感到忧虑。他借着惩治罪行较轻的犯人之机，让他们在家旁边种植桑树，种多少根据犯罪轻重而定。桑树茂盛的减轻罪罚，桑树枯萎的要加重罪罚。所以家家种桑树，并且养蚕。蚕结茧，抽取它的丝，可以纺织。襄城的百姓吃穿有余。范忠宣辞官后，当地百姓对他念念不忘。

小知识

1. 明朝张居正曾说：安民之道，在察其疾苦而已。为官者，在其位应谋其政，就是要不移公仆之志，一心为民，勤政务实，看到百姓的苦处和难处，并竭力为他们排忧解难。

2. 释"鲜"。上文"鲜有植桑者"中的鲜指少。又，"其土方能治病，鲜有人知"，意为他研制的土药方能治病，很少有人知道。

练习

1 解释文中加点的词。

　　① 俗 _____

　　② 事 _____

　　③ 寡 _____

　　④ 茂 _____

　　⑤ 怀 _____

2 翻译。

　　范患之。

6 刘颏当机立断

　　渑池道中,有车载瓦瓮①,塞于隘路。属天寒,冰雪峻滑,进退不得。日向②暮,官私客旅群队,铃铎③数千,罗拥在后,无可奈何。有客刘颏者,扬鞭而至,问曰:"车中瓮值几钱?"答曰:"七八千。"颏遂开囊取缣④,立偿之。命僮仆登车,断其结络⑤,悉推瓮于崖下,须臾,车轻得进,群噪而前。

注释

　　① 瓦瓮(wèng):陶制的小口大腹容器。　② 向:将近、将近的意思。　③ 铃铎:代指车马。　④ 缣:线织品,此处用作货币的代用品。　⑤ 结络:捆扎瓦瓮的绳子。

故事大意

　　在渑池的道路上,有一辆满载瓦罐的车子堵住了狭窄的路道。当时正值天气寒冷,路上覆盖着冰雪,又险峻又湿滑,(车子)进也不能,退也不能。天色已近傍晚,行路的官员和商客成群结队,车马几千,排列拥挤在后面,但没有一点办法。(这时)有一个名叫刘颏的人(骑着马)挥着马鞭赶来,问道:"车上的瓦罐(一共)值多少钱?"(赶车的人)回答说:"共值七八千贯钱。"刘颏立刻打开行囊取出细绢交给那个赶车的人,又叫自己的童仆登上车子,弄断捆绑瓦罐的绳子,把瓦罐全部推到了山崖下。一会儿工夫,车身变轻能够前进了,

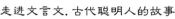

大家轰然叫好而纷纷向前。

小知识

1. 刘颇懂得顾全大局。为了让道路畅通,车主不受困,他宁愿自己出钱,把瓮推进山崖。他既慷慨,又有智慧。

2. 释"悉",指都,全部。上文"悉推瓮于崖下",意为把瓦瓮全部推到高山下。又,"尔言,吾悉知",意为你说的,我都知道。又,"昔为草棚,今悉为瓦屋",意为从前是草棚,如今都改为瓦屋。

练习

1 解释文中加点的词。

①塞 _____

②属 _____

③遂 _____

④悉 _____

2 翻译。

① 无可奈何。

_____

② 扬鞭而至。

_____

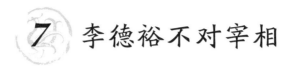

7　李德裕不对宰相

　　李德裕①少时颖而俊，父吉甫每向同僚夸之。宰相武元衡召谓曰："尔在家读何书？"意欲探其志。德裕不对。翌日，元衡具告吉甫。吉甫归家后责之。德裕曰："其身为相，不问治国之道，而问所读之书。书者，礼部②事也。其言不当，是以不应。"吉甫复告，元衡大惭。

注释

　　① 李德裕：唐朝人，曾任宰相。　　② 礼部：中国古代官署之一，掌教育、礼仪等事宜。

故事大意

　　李德裕年轻时，聪明而且英俊。父亲李吉甫常常在同僚面前夸奖他。宰相武元衡把李德裕叫去，问他："你在家里读什么书？"武元衡想探问他的志向。李德裕不回答。第二天，武元衡把昨天的情况告诉李吉甫。吉甫回家后批评儿子没礼貌。德裕说："他身为宰相，不问治国的道理，却问读什么书。读书的事，是礼部所管的。他语言不确当，所以我不回答。"李吉甫又把儿子的话告知武元衡，元衡觉得非常惭愧。

小知识

1. 俗语有云：从小看看，到老一半。意为小时候秉性如何，可以看出长大后的人生结局。李德裕对宰相武元衡问话的回应，十分灵巧，可以看出他的聪明。后来李德裕做了宰相，史上留名。

2. 释"责"。"责"是指责备、批评。文中"吉甫归家后责之"中的责，即指责备或批评。又，"儿不求上进，父责之"，意为儿子不求上进，父亲批评他。又，"无责，吾自改之"，意为不要责备我，我自己会改正的。

练习

1 解释文中加点的词。
　　① 颖 ＿＿＿＿＿＿＿＿＿

　　② 俊 ＿＿＿＿＿＿＿＿＿

　　③ 僚 ＿＿＿＿＿＿＿＿＿

　　④ 探 ＿＿＿＿＿＿＿＿＿

　　⑤ 对 ＿＿＿＿＿＿＿＿＿

　　⑥ 复 ＿＿＿＿＿＿＿＿＿

　　⑦ 惭 ＿＿＿＿＿＿＿＿＿

2 翻译。
　　① 翌日，元衡具告吉甫。

　　_____

　　② 是以不应。

　　_____

8 拷打羊皮定案

人有负盐负薪者,同释重担息树阴。少时,且行,争一羊皮,各言藉背之物。久未果,遂讼于官。惠遣争者出,顾州纪纲曰:"以此羊皮可拷知主乎?"群下①咸无答者。惠令人置羊皮席上,以杖击之,见少盐屑,曰:"得其实②矣!"使争者视之,负薪者乃伏而就罪。

注释

① 群下:指手下人。　② 实:事实

故事大意

有背着盐和背着柴草的两个人同时放下重担,在树下休息。不多时,将启程,二人为一张羊皮争论起来,他们都说是自己用来垫肩的物品。争论了很久没结果,就向官府告状。雍州刺史李惠让他们出去,回头看州府的主薄说:"拷打这羊皮可以知道它的主人吗?"下属官吏都没人回答。李惠叫人把羊皮放在席子上,用棍棒敲打它,见少许盐末。李惠说:"得到实情了!"再让争吵的双方进来看,背柴草的人便伏在地上承认了罪过。

小知识

1. 古代科技不发达,但断案需要证据,于是为了取证,公正的清官常常要独辟蹊径,让一件件扑朔迷离的案件真相大白,包拯、狄仁杰等人的断案故事让人拍案叫绝,本文亦是如此。

2. 释"负",指背,背着。上文有两个"负"字,均作背着理解。又,"吾负母求医",意为我背母亲去找医生治疗。又,"吾幼时,父常负而行",意为我小时候,父亲经常背着我走路。

练习

1 解释文中加点的词。
　①释 _____
　②藉 _____
　③果 _____
　④主 _____
　⑤置 _____

2 翻译。
　①遂讼于官。

　_____

　②咸无答者。

　_____

9 钱若赓断鹅

　　明朝年间,钱若赓(gēng)为郡首①。有乡人持一鹅入市,寄肆中后他往。还索鹅。店主赖之,云:"此鹅,我鹅也。"争之未决,乡人不服,讼于官。钱若赓令吏取肆中鹅,计四只,各以一纸,给纸笔,分四处,令鹅供状。人无不讶之。食顷②,钱出,曰:"状已供。"指一鹅曰:"此乡人鹅也。"众人怪之。钱曰:"乡人鹅食草,粪色青;店主鹅食谷,粪色黄。"店主服罪。人称钱能明断。

注释

　　① 郡首:即郡太守。郡是古代行政区域的名称,郡首是郡的长官。　② 食顷:吃一顿饭的时间。

故事大意

　　明朝年间,钱若赓担任郡太守。有个乡下人拿了一只鹅到市场里去,寄放在店铺里后到别处去了。乡下人回来后寻找鹅,店主人诬赖说:"这是我的鹅。"双方争论而未有结果。乡下人不服气,便向官府告状。钱若赓叫差役取店中的鹅,共计四只,各给它们纸与笔,分四处,命令鹅招供。人们对此没有不感到惊讶的,鹅怎能招供?吃一顿饭的时间,钱若赓出来,说:"状已经供了。"他指着一只鹅说:"这是乡下人的鹅。"大家对此都感到奇怪。钱若赓说:"乡下人的鹅吃草,粪的颜色是青的;店里的鹅吃谷子,粪的颜色是黄的。"店主只得认罪。人们称赞钱若赓断案英明。

小知识

1. "纸上得来终觉浅,绝知此事要躬行",丰富的经验可以转化为智慧。钱若赓通过鹅的粪色来判案,正是基于他的生活经验。

2. 释"索",指寻找,也指乞取。上文"索鹅",意为寻找鹅。又,"吾曾失钱,四处索,未见",意为我曾经丢失铜钿,到处寻找,没找到。

练习

1 解释文中加点的词。

① 持 _____

② 肆 _____

③ 赖 _____

④ 明 _____

2 翻译。

① 讼于官。

_____

② 人无不讶之。

_____

③ 众人怪之。

_____

10 萧何远虑

沛公^①至咸阳,诸将皆争走金帛财物之府分之,何^②独先入收秦丞相御史律令图书藏之。沛公为汉王,以何为丞相。项王与诸侯屠烧咸阳而去。汉王所以具知天下厄塞^③,户口多少,强弱之处,民所疾苦者,以何具得秦图书也。

注释

① 沛公:即刘邦。② 何:刘邦的谋士萧何。　③ 厄塞:重要关口。

故事大意

沛公进入咸阳,众将领争着奔向秦朝的金银丝绸财库,瓜分东西,萧何独自先入宫收取秦朝丞相府御史掌管的律令、图书,并珍藏起来。沛公做了汉王,任命萧何为丞相。项王与诸侯的军队在咸阳烧杀一番后离去。汉王之所以能知道天下的山川要塞、人口多少、人力物力强弱的地方、民间的疾苦等,都是因为萧何得到了秦朝的所有文献资料。

小知识

1. 萧何独具慧眼,最看重秦朝的各类典籍。有了地图,作战更方便,平原、关口、山地,一眼便知。有了户口,便可知道地方的人口多少,对征兵、收税大有好处。而金银财宝,不过供吃喝玩乐而已。

2. 释"具"。它指——地,或指都。上文"具知天下……"中的具,即指都,又,"吾家笔墨纸砚具有",意为我家里笔墨纸砚都有。又,"具以实告母",意为把实情都告诉母亲。

练习

1 解释文中加点的词。

① 争 _____

② 走 _____

③ 去 _____

2 翻译。

① 项王与诸侯屠烧咸阳而去。

_____

② 以何具得秦图书也。

_____

11 朱元璋画像

　　朱元璋称帝后,集画工写其容①,皆不称意。元璋貌不佳,有画之逼真者,自以为必见赏,及献上,亦不为所重。一画工探上意,稍于形似之外,加穆穆②之容。帝览之,甚悦,乃命人传写数幅,赐诸亲友。盖上早有此意,而他画工莫之知。

注释

　　① 容:容貌。　② 穆穆:雍容端庄的样子。

故事大意

　　朱元璋做皇帝后,召集画师给他画像,都不称心如意。朱元璋容貌不好看,有的画得极其真实,自认为必定被赏赐,等到献上,也不被看重。有一个画师,探究皇上的心意,稍微在外形相似之外,另加雍容富贵的相貌。朱元璋看后,很高兴,于是便叫人照样画了几幅,赏赐给亲友。原来皇上早有这样画的想法,而其他的画师不知道。

小知识

　　1. 自古帝王多有画像,无论如何丑陋,画师们都要画得端正大方,显出与众不同的帝

王之相。犹如皇帝要穿龙袍,坐龙椅,而世上并无龙,目的也是用来威慑百姓。

2. 释"悦"。上文"甚悦"中的悦,指高兴。又,"无新衣,弟不悦",意为没有新的衣服,弟弟不高兴。又,"吾钓得数鱼,大悦",意为我钓到了好几条鱼,非常高兴。

练习

1 解释文中加点的词。

① 集 _____

② 写 _____

③ 佳 _____

④ 逼 _____

⑤ 见 _____

⑥ 及 _____

⑦ 亦 _____

⑧ 探 _____

⑨ 览 _____

⑩ 盖 _____

2 翻译。

① 皆不称意。

_____

② 而他画工莫之知。

_____

12 唐临出囚

（唐临）出为万泉丞①。县有轻囚十数人，会春暮时雨，临白令请出之，令不许。临曰："明公②若有所疑，临请自当其罪。"令因请假，临召囚悉令归家耕种，与之约，令归系所。囚等皆感恩贷，至时毕集诣狱，临因是知名。

注释

① 丞：秦汉以后各级地方长官的副职。　② 公：对县令的尊称。

故事大意

（唐临）出任万泉县丞。县里关押了十来个罪行较轻的囚犯，适逢春末时天下雨，唐临禀告县官请求放出囚犯，县官不同意。唐临说："您如果不放心，我唐临请求独自承担罪责。"县官于是请假，唐临主持政事，他把囚犯全部召集起来，让他们回家种田，并且跟他们约定，命他们耕作完毕都要回到监狱。囚犯们都感激他的恩惠和宽大，全部按时回到监狱，唐临因此知名。

小知识

1. 唐临身为县丞，敢于担当。他为囚犯着想，把他们放出去春耕，并一力承担所有

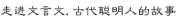

走进文言文.古代聪明人的故事

责任。

2. 释"因"。上文有两个因字,"令因请假"中的因,意为于是,就。又,"秦军解,因大破之"(解:松懈),意为秦军松懈了,于是大败了秦军。而"因是知名"中的因,意为凭借。又,"因人之力而敝之"(敝:破坏),意为依靠人家的力量反过来伤害人家。

练习

1 解释文中加点的词。
    ① 会 _____
    ② 白 _____
    ③ 当 _____
    ④ 悉 _____
    ⑤ 毕 _____

2 翻译。
    ① 临请自当其罪。

    _____

    ② 令归系所。

    _____

    ③ 临因是知名。

    _____

13 子贡论孔子

齐景公①谓子贡②曰："子师谁?"对曰："臣师仲尼③。"公曰："仲尼贤④乎?"对曰："贤。"公曰："其贤何若?"对曰："不知也。"公曰："子知其贤而不知若何,可乎?"对曰："今谓天高,无少长愚智皆知高。高几何? 皆曰不知也。是以知仲尼贤而不知其若何。"

注释

① 齐景公:春秋时期齐国国君。　② 子贡:孔子的学生之一。　③ 仲尼:指孔子。
④ 贤:指德才兼备。

故事大意

齐景公问子贡:"你拜谁为师?"子贡回答说:"我拜孔子为师。"景公问:"孔子好吗?"子贡说:"好。"景公问:"他好到什么程度?"子贡回答说:"我不知道。"景公说:"你知道他好,而不知道好到怎样,可以吗?"子贡说:"如今说天高,无论老人小孩,愚蠢的或聪明的,都知道天很高,但是天有多高,都说不知道。所以我知道仲尼好,却说不清他好到什么程度。"

小知识

1. 孔子名丘,字仲尼。他是儒家学派的创始人,其思想对中国和世界都有深远的影响。孔子开创私人讲学之风,倡导仁义礼智信,他和弟子们的言行和问答记录在《论语》中,影响中国数千年。

2. 释"贤"。它指德才兼备。所谓"贤者",是指德才兼备的人。又,"与吾交者,皆贤人也",意为跟我交朋友的,都是德才兼备的人。又,"贤者不毁人",意为德才兼备的人不诬蔑别人。

练习

1 解释文中加点的词。

①　对 _____

②　师 _____

③　少 _____

④　长 _____

2 翻译。

①　子师谁?

_____

②　高几何?

_____

14 何晏争自由

　　何晏①七岁,明惠若神,魏武②奇爱之。因晏在宫内,欲以为子。晏乃画地令方,自处其中。人问其故,答曰:"何氏之庐也。"魏武知之,即遣③还。

注释

　　① 何晏:汉朝末年人。　② 魏武:曹操。③ 遣:送,送走。

故事大意

　　何晏七岁时就已经聪慧异常,曹操非常喜爱他。因为何晏长在宫中,(曹操)就准备收他为子。何晏在地上画了个方形,自己站在里面。别人问他这是怎么回事,(他)回答说:"这是何家的房子。"曹操知道后,就立即把他送回家去了。

小知识

　　1. 何晏是三国时期曹魏大臣、玄学家,喜老庄之学,为曹操所宠爱。后为司马懿所杀,被夷灭三族。东晋袁宏在《名士传》中将何晏与夏侯玄、王弼称为正始名士。

　　2. 释"遣"。它指送,送走。上文"遣还",意为送回家。又,"醉而遣之",意为用酒把

（重耳）灌醉送走他。又，"遣骞"，意为送走张骞。

练习

1 解释文中加点的词。

　① 奇 ＿＿＿＿＿＿＿

　② 因 ＿＿＿＿＿＿＿

　③ 令 ＿＿＿＿＿＿＿

　④ 即 ＿＿＿＿＿＿＿

2 翻译。

　① 自处其中。

　＿＿＿＿＿＿＿＿＿＿＿＿＿＿＿＿＿＿＿＿＿＿＿＿＿＿

　② 人问其故。

　＿＿＿＿＿＿＿＿＿＿＿＿＿＿＿＿＿＿＿＿＿＿＿＿＿＿

15 杨修啖酪

人饷魏武一杯酪①,魏武啖少许,盖头上题"合"字以示众,众莫能解。次②至杨修,修便啖,曰:"公③教人啖一口也,复合疑?"

注释

① 酪(lào):乳制品。　② 次:轮到。　③ 公:对曹操的敬称。

故事大意

有人送给曹操一杯酪,曹操稍微吃了些,盖头上写个"合"字,把它给周围的人看,人们都不理解(这个"合"字是什么含义)。轮到杨修,杨修便吃了一口,说:"曹公叫大家每人吃一口,又有什么好怀疑的呢?"

小知识

1. 杨修是曹操的谋士,他在曹操南征北战中出了很多好主意,最终却被曹操所杀。这与曹操的生性多疑和杨修的恃才傲物都有关系。

2. 释"啖"。它指吃。上文"啖少许",意为稍微吃一点。又,"吾自幼不啖鱼,因曾为刺伤",意为我从小不吃鱼,因为曾经被鱼刺伤害。又,"吾母信佛,常不啖荤",意为我母亲相信佛教,经常不吃荤腥。

练习

1 解释文中加点的词。

① 饷 _____

② 题 _____

③ 莫 _____

④ 复 _____

2 翻译。

① 众莫能解。

_____

② 复合疑?

_____

16 狄青不去面文

宋朝名将狄青，本为兵士。因累有战功，位至枢密院①之长。既贵，时宰相劝其去面文②，但笑而不答。帝亦劝之。狄青曰："吾非不能去面文，故留之，以励天下士卒也。"上由此益爱之。

注释

① 枢密院：唐至元的最高军事机构。 ② 面文：脸刺的字。北宋时期，士兵入伍要在脸上刺字。

故事大意

宋朝的名将狄青，原本是士兵，因为多次有战功，地位升到枢密院的长官。当时的宰相劝他除去当士兵时脸上刺的字，他只笑笑，不回答。皇帝也劝他除去面文，狄青说："我不是不能去除脸上刺的字，之所以要留下它，目的是用来勉励天下所有的士兵。"皇帝从此更加喜欢他。

小知识

1. 狄青是北宋名将，屡有战功，升为当时军事机构的最高长官，犹如今之国防部长。

他不肯除去当士兵时脸上刺的字,居功不傲,所以受人称赞。

2. 释"既"。上文"既贵"中的既,解释为已经。又,"既食,之田中耕",意为已吃完饭,便到田间耕作。又,"既失物,莫悔",意为财物已经丢失,不要懊悔了。

1 解释文中加点的词。

　　① 本 _____

　　② 累 _____

　　③ 至 _____

　　④ 贵 _____

　　⑤ 但 _____

　　⑥ 故 _____

　　⑦ 励 _____

2 翻译。

　　上由此益爱之。

_____

17 文徵明故意说谎

文徵明①精于书画，尤长识别古书画之真假。人有值灾难者，家虽贫，然珍藏一幅古画，视为宝物。予文徵明鉴别。文徵明视后，乃赝品②也，然言："是真古画也，价甚高。"或问之，答曰："凡买古画者，家必富，而此人遭灾，欲售画。吾若不言真画，其举家挨饿受冻矣！"其善良之心可见。

注释

① 文徵明：明朝画家、书法家、文学家。　② 赝品：假货。

故事大意

明朝的文徵明对书法与作画很精通，尤其擅长识别古代书画的真假。有人遇到灾难，家庭虽然贫穷，然而珍藏着一幅古画，把它看作宝物。那人给文徵明观看识别。文徵明看后，知道是假的，然而他说："这是真的古画，价值很高。"有人问他，文徵明说："凡是能买得起古画的，一定是富人家，而那家人遭遇灾难，想出卖古画。我如果不说是真货，他们上下老小必定会挨饿受冻了！"他善良的心可见一斑。

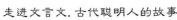

小知识

1. 文徵明是明朝的书画家、文学家。他与祝允明、唐寅、徐祯卿,合称"吴中四才子"。他善画山水、花卉等。他的作品被后代人视为珍宝。文中他故意撒谎,是为了帮助遇难的人渡过难关。这是善良又聪明的表现。

2. 释"予"。上文"予文徵明鉴别"中的予,指给。又,"予我银百",意为给我一百两银子。又,"吾欲借其书,其不予",意为我想借书读,那人不给。

练习

1 解释文中加点的词。

① 值 _____

② 鉴 _____

③ 或 _____

④ 举 _____

2 翻译。

尤长识别古书画之真假。

_____

18 张升辨奸

张升为邑令①,有妇人之夫出逾半月余而不归。人有汲井水者,水有异味。妇人惊往视之,号哭曰:"吾夫也!"遂以闻官。张升令吏②集邻里,就井验是其夫否,皆以井深不可辨,请出尸验之。张升曰:"否。众皆谓井深不能辨,独此妇何以知其为夫?"收③而审之,果奸人④杀之,而妇人与同谋者也。

注释

①邑令:县令。　②吏:官府的差役。　③收:关押。　④奸人:此指情夫。

故事大意

张升做县令时,有妇人的丈夫出门超过半个月没回家。有人去井中打水,发觉水有异味。那妇人惊恐地前去察看,并大声哭道:"这是我丈夫!"就把这事报告官府。张升叫差役召集邻居,靠近井检验是不是妇人的丈夫,邻居都认为井太深,分辨不出是谁,希望把尸体捞上来检验。张升说:"不用。人们都说井太深分辨不出是谁,唯独这妇人凭什么知道是她的丈夫?"就关押并审问那妇人,果然是情夫杀害自己的丈夫,而且那妇人是情夫的同谋。

小知识

1. 这似乎是个无头案件,但县令张升十分聪明,善于发现疑点。经审问,果然是情夫杀害的,而妇人是同谋者。

2. 释"就"。上文"就井验是其夫否"中的就,指靠近。又,"就地取材",意为靠近当地取得材料。又,"此人劣,吾从不就之",意为这人恶劣,我从来不靠近他。

练习

1 解释文中加点的词。

① 逾 _____

② 汲 _____

③ 号 _____

④ 集 _____

⑤ 验 _____

2 翻译。

① 遂以闻官。

_____

② 独此妇何以知其为夫?

_____

19 宋濂诚实

　　宋濂①曾与客饮,皇帝朱元璋使人暗视之。翌日,帝问宋濂昨饮酒否,座客为谁,馔为何物。濂具以实对。帝笑曰:"诚然,尔不欺朕②。"未久,又问群臣之臧否③,濂唯言善者,曰:"善者与吾友,故知之,其不善者,吾不知也。"故帝敬之。

注释

　　① 宋濂:明朝著名政治家、文学家。　② 朕(zhèn):我。秦始皇以后专用为皇帝的自称。　③ 臧否:好坏。

故事大意

　　宋濂曾与客人饮酒,皇帝朱元璋派人暗中观察。第二天,皇帝问宋濂昨日喝酒没有,在座的客人是谁,什么菜肴。宋濂如实回答。皇帝笑着说:"确实是这样,你没欺骗我。"不久,又问大臣中哪个好,哪个坏。宋濂只说好的人,他说:"那些好的人跟我交友,所以了解他们,那些不好的人不是我的朋友,所以我不知道。"所以皇帝很敬重他。

小知识

　　1. 宋濂在《送东阳马生序》中写道:"其业有不精,德有不成者,非天质之卑,则心不若余之专耳,岂他人之过哉!"他的修养从文中也可见一斑。

2. 释"善"。它指好。上文说的"善者",指品德好的人。又,"其人善,与吾为友",意为那人好,跟我是朋友。

练习

1 解释文中加点的词。
　　① 为 _____
　　② 馔 _____
　　③ 具 _____

2 翻译。
　　① 诚然,尔不欺朕。

　　_____

　　② 故知之。

　　_____

　　③ 故帝敬之。

　　_____

20 胡焕冰冻城墙

匈奴①数千兵来犯中原,守城者持弓箭待之。时值冬月②,天寒。将军胡焕令兵士泼水于墙城,不多时,水即凝成冰,敌兵无法上,而城上之守兵,万箭齐发,敌毙者数百,急遁。后连续二载,匈奴不敢复犯。

注释

① 匈奴:我国北方的少数民族之一。　② 冬月:冬季。

故事大意

匈奴数千敌兵来侵略中原地带,守城的将士拿着弓箭等候。当时正遇到冬季,天气十分寒冷。将军胡焕命令士兵把水泼在城墙上,不多时水就结成了冰,敌兵没法爬上城墙,而城头上的士兵万箭齐发,把数百个敌人射死了,敌人急忙逃跑。后来连续两年,匈奴不敢再来侵犯。

小知识

1. 城墙是古代城市外围的防御工事,早先用泥土筑,有数丈高,明朝以后用砖砌,更

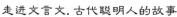

为坚固。城墙顶部也有二、三丈宽,并盖有住屋,士兵可日夜守护领土。

2. 释"载"。上文说的"后连续二载"中的载,指年。又,"吾父为商,五载乃归",意为我父亲经商,五年后才回家。又,"十载不见,孩已长大成人",意为十年未见面,那孩子已长大成人。

练习

1 解释文中加点的词。
　　① 犯 _____
　　② 持 _____
　　③ 值 _____
　　④ 复 _____
2 翻译。
　　敌毙者数百,急遁。
　　_____

21 杨靖与猴弈

　　西番有二仙，弈①于山中树下，有一老猴，日窥，因得其巧。人闻之，仙者遁。猴即下山与人弈，无人可敌。人将猴献于国王，王爱之，召天下善弈与猴较。或言杨靖善弈。其时杨靖以②事系于狱中，王特释之。靖以盘贮桃，猴心于桃，欲食而无心弈，故败。

注释

　　① 弈：下围棋。　② 以：因为。

故事大意

　　西面的番国里有两个仙人，在山中树下下围棋。有一只老猴，每天在树上偷看，于是掌握了下棋的窍门。有人听说这事后，仙人便隐去。猴子就下山跟人下棋，无人可跟它匹敌。有人将猴子献给皇帝，皇帝很喜欢它，召集天下善于下棋的人和它较量。有人说杨靖擅长下围棋。那时杨靖因犯事关押在狱中，皇帝特地释放了他。杨靖把桃子放在盘子里，猴子心里老想吃桃子，没心下棋，所以连连失败。

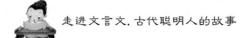

小知识

1. 围棋在周朝时就有,棋纵横 19 道,共 361 个交叉点,最终以计数作输赢。到了唐朝,上至皇帝,下至平民,几乎人人都喜爱下围棋。

2. 释"敌"。上文"无人可敌"中的敌,指匹配,而不指敌人。又,"我国排球,尝天下无敌",我国的排球,一度天下没有可匹配的。又,"尔与吾斗,必不敌"意为你与我竞争,必定比不上我。

练习

1 解释文中加点的词。

① 窥 _____

② 遁 _____

③ 较 _____

④ 系 _____

⑤ 贮 _____

⑥ 欲 _____

⑦ 故 _____

2 翻译。

或言杨靖善弈。

22 曹植七步成诗

　　文帝①尝令东阿王②七步中作诗,不成者行大法。应声便为诗曰:"煮豆持作羹,漉③菽④以为汁。其⑤在釜⑥下然,豆在釜中泣。本是同根生,相煎何太急!"帝深有惭色。

注释

　　① 文帝:曹丕,曹操的长子。　② 东阿王:曹植,曹操的儿子。　③ 漉(lù):过滤。
④ 菽(shū):豆类的总称。　⑤ 其:豆秸。　⑥ 釜:锅子。

故事大意

　　魏文帝曹丕曾经命令东阿王曹植在七步之内作成一首诗,作不出的话,就要处死。(曹植)应声便作成一诗:"煮豆持作羹,漉菽以为汁。其在釜下然,豆在釜中泣。本是同根生,相煎何太急!"魏文帝听了深感惭愧。

小知识

　　1. 话说"三国"。汉朝灭亡后,进入三国时期。地处北方的曹丕称帝,世称魏文帝。地处江南的孙权建立吴国称帝,而刘备则在成都称帝,从此形成"三国鼎立"的局面。

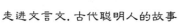

2. 释"尝"。上文"尝令东阿王"中的尝,指曾经。又,"尝与人佣耕",意为曾经被人雇佣耕田。又,"则尝闻之矣",意为就曾经听说它。

练习

① 解释文中加点的词。
    ① 尝 _____
    ② 令 _____
    ③ 泣 _____
② 翻译。
帝深有惭色。

_____

23 闵子骞顾大局

　　闵子骞母早亡，其父更娶，复生二子。子骞为父御车，失辔①，父持其手，寒，衣甚单。父归，呼其后妻儿，持手，温，衣甚厚。即谓妇曰："吾所以娶汝，乃为吾儿，今汝欺我，寒子骞，汝去无留。"子骞前曰："母在，一子寒；母去，三子寒。"其父默然，而后，母亦悔②之，待子骞如己出。

注释

　　① 失辔(pèi)：抓不住马缰绳。　② 悔：悔恨，后悔。

故事大意

　　闵子骞的母亲早死，他的父亲再娶，又生了两个儿子。子骞给父亲驾车，没抓住马缰绳，父亲抓他的手，手冷，衣服很单薄。父亲回家后，喊来后妻和另外两个儿子，抚摸他们的手，感到温暖，衣服也很厚，就对妻子说："我之所以要娶你，是为了我的儿子，如今你欺侮我，使我儿子受冻，你离开这个家不要留下。"子骞上前说："后母在，一个儿子受冻；后母走后，三个儿子都受冻。"他父亲默不作声，后来，后母也懊悔了，对待子骞像亲生的儿子一样。

小知识

1. 闵子骞是孔子的弟子,为孔门七十二贤之一,以孝闻名。孔子称赞他说:"孝哉,闵子骞! 人不间于其父母昆弟之言。"本文的故事就发生在闵子骞的少年时期。

2. 释"复"。上文"复生二子"中的复,指又、再。又,"父旧病复发",意为父亲的老病又发了。又,"失而复得,喜极",意为丢失后又找到了,高兴极了。

练习

1 解释文中加点的词。

① 亡 _____

② 更 _____

③ 持 _____

④ 乃 _____

⑤ 前 _____

⑥ 亦 _____

2 翻译。

① 汝去无留。

_____

② 待子骞如己出。

_____

24 光逸冻卧县令被中

光逸①为小吏,县令使其送客,天寒又雨,举体冻湿,还遇适令不在府,逸解衣入县令被中卧。

令还,见之,遂大怒,将严罚。逸曰:"家贫衣单,沾湿无可代。若不暂温,势必冻死,奈何惜一被而死一人乎?君子②仁爱,必不罚吾,故寝而不疑。"县令感焉,使其复于被中卧。

注释

① 光逸:晋朝人。 ② 君子:品德高尚的人。

故事大意

光逸做官府差役时,县官让他送客人,天寒又下雨,浑身又冷又湿,回来时恰巧县官不在官府里,光逸便脱去衣服,钻进县令的被子中睡觉。

县令回来后,见到这情况,就大怒,准备重罚光逸。光逸说:"我家贫衣单,打湿后没衣可穿。如果不暂时暖暖身子,势必冻死,为什么要吝啬一条被子而让我冻死呢?品德高尚的人对人有仁爱之心,必定不会惩罚我,所以我毫无犹疑就睡了。"县官被光逸的话感动了,让他再在被中睡下。

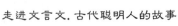

小知识

1. 光逸言之有理,打动了县令。说话是一门技巧,笨嘴拙舌的人往往很难说服对方,能说会道又不歪曲事实往往能收获信任和好感。

2. 释"举"。上文"举体冻湿"中的举,指整个,意为全身又冷又湿。又,"举家徙他乡",意为全家搬到别处居住。又,"举国欢庆",意为全国欢庆。

练习

1 解释文中加点的词。

① 吏＿＿＿＿＿＿

② 适＿＿＿＿＿＿

③ 若＿＿＿＿＿＿

④ 寝＿＿＿＿＿＿

⑤ 疑＿＿＿＿＿＿

⑥ 复＿＿＿＿＿＿

2 翻译。

奈何惜一被而死一人乎?

＿＿＿＿＿＿＿＿＿＿＿＿＿＿＿＿＿＿＿＿＿

25 刘山善猎

　　刘山居山麓下,每出猎必披狼皮,似狼。狼见之,以为侣也。亲之近之,遂不备。间①射之,故所得甚多。人问其因。刘山曰:"狼但利爪利齿,而人有智也。"

注释

　　① 间:此指乘狼不注意的时候。

故事大意

　　刘山居住在山脚下,每次出猎必定披上狼皮,看上去很像狼。狼见了刘山,认为是同伴。(狼)亲近他靠近他,于是没有防备。(刘山)乘狼不注意的时候便用弓箭射它,所以被射死的狼很多。有人问他原因。刘山说:"狼只有锋利的爪子和牙齿,而人有智慧。"

小知识

　　1. 狼皮有很多用处,可作座垫,可作床垫,也可缝制衣服,防寒防冻。如果出售,买的人一定不少。所以古代以打猎为生的人很多。
　　2. 释"但"。它指只,只有。上文"狼但利爪利齿",意为狼仅有锋利的爪子和牙齿。

走进文言文·古代聪明人的故事

又,"吾父但有吾一儿",意为父亲只有我一个儿子。又,"但见敌遁,遂追击",意为只见敌人逃跑了,就追击。

练习

1 解释文中加点的词。
　①麓 _____
　②似 _____
　③遂 _____
　④故 _____
　⑤因 _____

2 翻译。
　以为侣也。

_____

26 杨务廉制作"机械人"

杨务廉①甚有巧思,尝刻一木僧,手执一碗,自能乞。务廉将其置于市,有人过,则伸手乞,人竞相观,有施②一钱③,有施二钱者,日得百余钱。未一载,改草棚为瓦屋,又买田与牛。此为以巧获利也。

注释

① 杨务廉:唐朝人。　② 施:施舍。　③ 钱:此指铜钱。

故事大意

唐朝的杨务廉,有很精巧的构思,曾经雕刻了一个木制的和尚,和尚手中拿着一只碗,自己能乞讨。务廉把他放在集市上,有人路过,它便伸出手来乞讨,人们争相观看,有的施舍一钱,有的施舍二钱,每天能乞得一百多钱。未到一年,便改草棚为瓦屋,又买田又买牛,这叫作用巧思来获利。

小知识

1. 在没有高科技的古代,古人也会利用巧妙的原理制造出类似机器人的全自动机械,比如诸葛亮发明的木牛流马,唐朝的倒酒机器人和捕鱼机器人等。

2. 释"乞"。它指讨,讨取。上文"伸手乞",意为伸出手来乞讨。又,"吾乞得一幅名画",意为我讨到了一幅名画。又,"是人贫,于市乞",意为那人贫困,在集市中乞讨。

练习

1 解释文中加点的词。
　①尝 _____
　②僧 _____
　③乞 _____
　④置 _____
　⑤载 _____
2 翻译。
　人竞相观。

_____

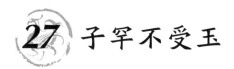

27 子罕不受玉

或有于古墓中得玉,献诸子罕^①。子罕弗^②受。献玉者曰:"以示玉匠,玉匠以为至宝也,故敢献之。"子罕曰:"我以不贪为宝,尔以玉为宝,若以与我,皆丧宝也。不若各人自有其宝。"国人皆嘉子罕廉。

注释

① 子罕:古代宋国的国相。　② 弗:不。

故事大意

有人在古墓中得到一块玉,把它献给了子罕。子罕不肯接受。献玉的人说:"已经给玉匠看过,玉匠认为是极珍贵的宝物,所以敢献给你。"子罕说:"我把不贪作为宝,你以玉为宝。如果把玉给我,我与你都失去了宝,不如各人保住自己的宝。"全国的人都称赞子罕廉洁。

小知识

1. 古人爱玉,《礼记》中说,"古之君子必佩玉","君子无故玉不去身"。《诗经》也有

"言念君子,温其如玉"的记载。古人佩玉在身,常以高尚的品德自勉自比。子罕不受玉,恰恰说明他是一位真正的君子。

2. 释"若"。上文"不若各人自有其宝"中的若,指如。又,"天若雨,则不农作",意为如果天下雨,就不干农活。又,"尔若出户,则闭门",意为你如果出门,就要把门关紧。

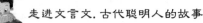 练习

① 解释文中加点的词。
    ① 或 _____
    ② 至 _____
    ③ 嘉 _____

② 翻译。
    ① 献诸子罕。

    _____

    ② 若以与我,皆丧宝也。

    _____

28   一字师

郑谷,唐人也。僧齐己善诗,因携所为《早梅》诗往谒,
云:"前村深雪里,昨夜数枝开。"谷笑谓曰:"'数枝'已非早,
若更为'一枝'则佳。"齐己默诵之:前村深雪里,昨夜一枝开。
遽叩地拜。自是①,士林②以谷为齐己"一字师"。

注释

① 是:这。   ② 士林:指文人士大夫阶层、知识界。

故事大意

郑谷是唐朝人,有个和尚叫齐己,善于写诗。他带了所写的《早梅》去拜访郑谷,诗中
说:"前村深雪里,昨夜数枝开。"郑谷笑着说:"'数枝'已不是早梅,如果改为'一枝'就好
了。"齐己默读:前村深雪里,昨夜一枝开。觉得的确好,立刻跪地下拜。从此,读书人把
郑谷看作是齐己的"一字师"。

小知识

1. 把"数枝"改为"一枝",体现了"早"字。俄国作家列夫·托尔斯泰在写《安娜·卡

列尼娜》时,开头第一句话他修改了十多次,最后定为"幸福的家庭是相同的,而不幸的家庭各有各的不幸",这句话奠定了小说的主题。

2. 释"更"。上文"若更为'一枝'则佳"中的更,指改,改动。又,"由茅屋更为瓦房",意为由茅草屋改为砖瓦砌的屋。

练习

1 解释文中加点的词。

　①僧 _____

　②为 _____

　③谒 _____

　④云 _____

　⑤遽 _____

2 翻译。

士林以谷为齐己"一字师"。

_____

29　原谷收舆

原谷有祖,年老,谷父母厌憎,欲弃之。谷年十五,谏①父曰:"祖生儿育女,勤俭持家,岂有老而捐之者乎? 是负义也。"父不从,作舆②,弃祖于野。谷随,收舆归。父曰:"汝何以收此凶具?"谷曰:"往后父母年老,无需更作此具,是以收之。"父惭,悔之,乃载祖归养。

注释

① 谏:规劝。　② 舆(yú):手推的小车。

故事大意

原谷的祖父年纪大了,原谷的父母憎恶他,想抛弃他。那时原谷十五岁,规劝父亲说:"祖父生儿育女,勤俭持家,哪能年老而抛弃他呢? 这是违背道义的。"父亲不听从,制作了一辆手推的小车,把祖父抛弃在荒野里。原谷跟在后面,收了小车回家。父亲说:"你为什么要收这不吉利的小车?"原谷说:"往后父母年老了,就不需要再制作这小车,因此收下了它。"父亲惭愧,很懊悔,便载着祖父回家赡养。

◈ 小知识

　　1. 帝王以孝治天下，做人则以孝为根本，一个"孝"字贯穿中华民族的历史。"孝，善事父母者"，《说文解字》中这句话的意思正是说，晚辈对长辈的敬与养为孝，孝是子女的本分。文中谷原的父母失了孝道，好在及时悔悟，接回了父亲。

　　2. 释"谏"。它指小辈对长辈，或下级对上级的规劝。如"民谏县官不重赋"，意为百姓规劝县官不要加重赋税。又，"大臣皆谏帝，无出征"，意为大臣们都规劝皇帝，不要出征。

◈ 练习

① 解释文中加点的词。
　　① 厌 _____
　　② 是 _____
　　③ 负 _____
　　④ 从 _____
　　⑤ 更 _____
　　⑥ 惭 _____
　　⑦ 载 _____

② 翻译。
　　① 岂有老而捐之者乎？

　　_____

　　② 汝何以收此凶具？

　　_____

30 曹彬攻打金陵

　　宋朝大将曹彬攻金陵①，将克②，忽称疾，诸将咸来探望，冀其早愈。彬曰："吾之病非石药所能愈，唯需诸公共发诚心，于克城之后，不妄杀一人，则病自愈。"诸将许诺。及克金陵，城中安全，百姓生活如常。

注释

　　① 金陵：南京的古称。　② 克：攻下。

故事大意

　　宋朝大将曹彬攻打金陵，将要攻克时，突然称自己得了病。众多将领都来探望，希望他的病早日痊愈。曹彬说："我的病不是针灸和吃草药能好的，只希望你们共同发誓，在攻下城之后，不胡乱杀害一个人，那么我的病自然会好。"众将领答应了。等到攻下金陵，城内十分安全，百姓像平常一样生活。

小知识

　　1. 纵观古代战争史，屠城事件之多、频率之高令人咋舌。项羽屠咸阳、刘邦屠武关、

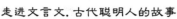

曹操屠彭城、夏侯渊屠太原、司马懿屠襄平……相比之下,曹彬攻城不扰民的行为十分难得。

2. 话说"石药"。"石"是针疗的医具,古人最早用磨细的石针刺激穴道,给人治病。自从有了金属,便用铜制针即"金针",效果更好。针灸的医术后来传遍全世界,它对医学作出了巨大贡献。

练习

1 解释文中加点的词。

① 咸 _____

② 冀 _____

③ 唯 _____

④ 及 _____

2 翻译。

① 不妄杀一人。

_____

② 诸将许诺。

_____

31 疏广不留遗产

疏广①退休，汉宣帝赐数千金。广日②与族人及宾客饮酒娱乐，财且尽。儿孙心不悦。广曰："吾岂老悖不念子孙乎？吾家自有旧田庐，若子孙勤力，足以供衣食。今若增其财，贤者损其志，愚者益其过。又，此金皇上所赐，养老臣也。"于是家人不复言。

注释

① 疏广：汉朝皇帝汉宣帝的老师。　② 日：每天。

故事大意

汉宣帝的老师疏广退休了，皇上赏赐他数千两金子。疏广每天邀请亲属与宾客喝酒娱乐。财产将用尽，儿孙不高兴了。疏广说："难道我老糊涂了，不考虑子孙的事吗？我家自有早先的田地和房屋，如果子孙努力，足够用来吃穿。如今要是给他们增加财产，有才能的便会损害志向，愚笨的会增添他们的过错。而且，这金子是皇上赏赐给我养老的。"于是家里人不再多说。

小知识

1. 民族英雄林则徐说过:"子孙若如我,留钱做什么? 子孙不如我,留钱做什么?"他的意思和本文中的疏广一样,即不要给子孙后代留财产。"奋斗出英雄,纨绔少伟男",几乎是颠扑不破的真理。

2. 释"悦"。上文"子孙不悦"中的悦,指高兴。又,"尔为何不悦?"意为你为什么不高兴。又,"久无鱼肉食,儿不悦",意为很久没吃上鱼肉了,孩子不高兴。

练习

1 解释文中加点的词。
  ① 且 _____
  ② 悖 _____
  ③ 念 _____
  ④ 足 _____
  ⑤ 复 _____

2 翻译。
  ① 贤者损其志。
  _____

  ② 愚者益其过。
  _____

32 程颢治不法之徒

广济^①濒河,往来船甚多,其民无地而耕,专劫船上之财货。岁以百数。船主讼于官,其时程颢(hào)为邑令^②,捕得数十人,不究旧恶,而分地与其,使以挽舟为业,且察为恶者。自是境无焚舟之患。

注释

① 广济:古地名。　② 邑令:县令。

故事大意

广济靠近大河,来来往往的船只很多,那里的百姓没有地耕种,专门抢劫船上的财物。每年被抢的船有数百艘。有船主向官府告状,那时程颢做县令,逮捕了几十个不法之徒,他不追究不法之徒的旧恶,只是让他们分散在各地,以乘驾舟楫为生,并且调查为非作歹的人。从此境内不再有烧船的祸患。

小知识

1. 程颢让原本勒索操舟的人变成了操舟的人,让他们领悟规矩,亲身体会渔民的艰辛,进而产生"恻隐之心",从此改邪归正。

2. 释"讼"。它指告状。上文"讼于官",意为向官府告状。又,"父为儿殴,遂讼",意为父亲被儿子打了,父亲就告状。

练习

1　解释文中加点的词。

①潋 _____

②甚 _____

③究 _____

④挽 _____

2　翻译。

①且察为恶者。

_____

②自是境无焚舟之患。

_____

33 匡衡凿壁偷光

匡衡①字稚圭，勤学而无烛，邻舍有烛而不逮。衡乃穿壁引其光，以书映②光而读之。邑人大姓文不识，家富多书，衡乃与其佣作而不求偿。主人怪问衡，衡曰："愿得主人书遍读之。"主人感叹，资给以书，遂成大学。

注释

① 匡衡：汉朝的大学问家，曾担任丞相。　② 映：照，映照。

故事大意

匡衡字稚圭，勤学而无蜡烛，邻居有烛光而透不过来。匡衡便在墙壁上凿了个小洞引来邻居的烛光，拿着书映着烛光来读书。同乡有个大户人家名叫文不识，家庭富裕，藏了不少书，匡衡给他做雇工而不取报酬。主人对此感到奇怪，问匡衡，衡说："希望得到主人家的书并读完。"主人非常感叹，就把书借给匡衡读，后来（匡衡）成了大学问家。

小知识

1. 匡衡"凿壁偷光"的故事广为流传，它告诉我们勤奋的重要性。在艰辛的条件下想要学有所成，必须发奋努力。

2. 释"资"。上文"资给以书"中的资，指供给，资助。又，"资之以币帛"，意为资助他钱财。又，"此乃天所以资汉也"。意为这是老天资助汉呀。

练习

1 解释文中加点的词。
① 逮 _____
② 邑 _____
③ 佣 _____
④ 偿 _____
⑤ 遍 _____
⑥ 资 _____

2 翻译。
主人怪问衡。

34 陶母责子

　　陶侃①少时为河梁吏②。尝以一坛腌鱼使人遗母。母问："此何来?"使者曰："官府所有。"母封坛返书,责侃曰："汝为吏,以官物见饷③,非唯无益,乃增吾忧也。"自此,侃清廉终身。

注释

　　① 陶侃:晋朝著名政治家、军事家。　② 河梁吏:管理河道及渔业的官吏。　③ 见饷:把食物送给我。

故事大意

　　陶侃年轻时做管理河道及渔业的小官,曾经派人把一坛腌鱼送给母亲。母亲问:"这坛鱼从什么地方来的?"使者说:"是官府里的。"陶母封好坛子回信,责备儿子说:"你做官,把公家的食品送给我,不只无益,反而增加了我的烦恼。"从此,陶侃一生清白廉洁。

小知识

　　1. 将公家的食物赠送母亲,这不是监守自盗吗? 所以陶母批评儿子。古往今来,用

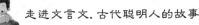

公款请客送礼的事常有,但中饱私囊,事情终究要败露的,轻则受罚,重则锒铛入狱,悔之莫及。

2. 释"少"。上文"少时"的少,不能解释为小时候。古时三十岁以下的人均可称"少"。陶侃当时已做鱼梁吏,应该在二十岁以上。又,"少出为佣",意为年轻时外出做雇工。"少而有志",意为年轻时就有志向。

练习

1 解释文中加点的词。
  ① 尝 _____
  ② 遗 _____
  ③ 责 _____
  ④ 汝 _____

2 翻译。
  ① 母封坛返书。

  _____

  ② 非唯无益,乃增吾忧也。

  _____

35 商鞅徙木立信

商鞅①欲变法，令未布，恐民之不信己，乃立三丈之木于国都市②之南门，募民有能徙置北门者，予十金。民怪之，莫敢徙。复曰："能徙者，予五十金。"有一人胆大，徙之，辄予五十金，以明不欺。民信之，卒下令变法。

注释

① 商鞅：法家代表人物，战国时期政治家、改革家、思想家、军事家。　② 市：集市。

故事大意

商鞅想要变法，变法的内容尚未公布，担心百姓不相信他，于是把三丈高的木条竖在国都集市的南门，召募能把它搬迁到北门的人，给十两金子。百姓感到奇怪，没有人敢搬迁。后来又说："能搬迁的，给五十两金子。"有个人胆大，把它搬迁了，商鞅就给了他五十两金子，用来表明自己不欺骗人。百姓相信他，商鞅终于公布了变法的内容。

小知识

1. 变法是件极不易的事，因为百姓习惯了老规矩、老办法，要改换新制度，总会有不

少人反对。商鞅变法的主要内容是奖励耕织、废除贵族特权、按军功大小给予爵位等。由于商鞅变法,秦国日益强大,最后统一了全国,建立了秦朝。

2. 释"予"。上文有两个"予"字,都解释为给。又,"友人予吾鱼二尾",意为朋友送给我两条鱼。又,"吾父藏古画一幅,从不予人观",意为我父亲藏着一幅古画,从不给人看。

练习

1 解释文中加点的词。

① 募 _____

② 徙 _____

③ 置 _____

④ 辄 _____

⑤ 卒 _____

2 翻译。

① 民怪之,莫敢徙。

_____

② 以明不欺。

_____

36 董遇①论 "三余"

　　人有从学者,遇不肯教,而云:"必当先读百遍。"言:"读书百遍,其义自见②。"从学者云:"苦渴无日。"遇言:"当以'三余'。"或问"三余"之意。遇言:"冬者岁之余,夜者日之余,阴雨者时之余也。"

注释

　　① 董遇:三国时人。　　② 见:显露。

故事大意

　　有人想跟随董遇学习,董遇不肯教,而说:"必须先读百遍。"又说:"读了百遍,书中的道理自然会显露出来。"那人说:"苦于没时间读书。"董遇说:"可以利用'三余'读书。"那人问"三余"是什么意思。董遇说:"冬天不耕作,是一年中多余的时间,夜间是白天剩下的时间,阴雨天不出工,是平时多余的时间。"

小知识

　　1. 有心学习的人,时间总是有的。著名数学家苏步青,作为大学校长,够忙的了,但

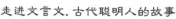

他总是利用会议休息的时间和出差坐火车、汽车的时间演算难题。

2. 释"见"。上文"其义自见"中的见，同"现"，意为显露。又，"雨止日见"，意为雨停，太阳显露。又古代民歌："风吹草低见牛羊"，其中见也同"现"。这种现象，称为"通假"。

练习

1 解释文中加点的词。

　　① 云 ＿＿＿＿＿＿＿＿＿

　　② 意 ＿＿＿＿＿＿＿＿＿

　　③ 时 ＿＿＿＿＿＿＿＿＿

2 翻译。

　　① 苦渴无日。

　　＿＿＿＿＿＿＿＿＿＿＿＿＿＿＿＿＿＿＿＿＿＿＿＿＿

　　② 夜者日之余。

　　＿＿＿＿＿＿＿＿＿＿＿＿＿＿＿＿＿＿＿＿＿＿＿＿＿

37 谢道韫一句成名

谢太傅寒雪日内集①，与儿女讲论文义。俄而雪骤，公②欣然曰："白雪纷纷何所似?"兄子胡儿曰："撒盐空中差可拟③。"兄女曰："未若柳絮因④风起。"公大笑乐。

注释

① 内集：家庭内的集会。　② 公：指谢安，即谢太傅。　③ 拟：比拟。　④ 因：依托，凭借。

故事大意

谢安在寒冷的雪天把一家聚集在一起，给他们讲论文章中的义理。一会儿雪下得急了，谢安高兴地说："这白雪纷纷像什么?"侄儿谢朗说："好像在天空中撒了盐。"侄女谢道韫说："不如比作柳絮乘着风飞舞。"谢安听后乐得大笑。

小知识

1. 因为吟了一句好诗而成名的，谢道韫可算上一个，后人称她为"咏絮才女"。雪是洁白而轻盈的，与柳絮极为相似，此句极妙。

2. 释"俄而"。上文"俄而雪骤"中的俄而,指一会儿。又,"俄而表卒",意为一会儿刘表死了。又,"俄而不见",意为一会儿看不见了。

练习

1 解释文中加点的词。
　① 义 _____
　② 骤 _____
　③ 若 _____

2 翻译。
　① 俄而雪骤。
　　_____
　② 白雪纷纷何所似?
　　_____

38 阿柴折箭喻理

　　阿柴①有子二十人，临终曰："汝等各予吾一支箭。"俄命弟折之。弟轻易而断。又曰："汝取十九支折之。"弟不能断。阿柴曰："汝等知否？单者易折，众则难摧。协力同心，国家可固。"其子与弟顿②悟。阿柴言终而卒。

注释

　　① 阿柴：古代北方少数民族吐谷浑的头领。　② 顿：立刻，忽然。

故事大意

　　阿柴有二十个儿子，他临死的时候说："你们每个人给我一支箭。"一会儿，他叫弟弟把箭折了。弟弟轻而易举地折断了。阿柴又说："你拿十九支箭并在一起折。"弟弟不能折断。阿柴说："你们知道吗？孤单的一支箭是很容易折断的，而多了就难于折断。你们要同心协力，这样国家就可以巩固了。"他的儿子们立刻领悟了。阿柴说完就离世了。

小知识

　　1. 阿柴用折箭的方法，说明家族人员要团结起来，这样国家便会稳固。简单的比喻，

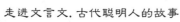

往往能说明深刻的道理,阿柴不愧是个明智的人。

　　2. 释"悟"。它指懂得,领会,觉醒等。上文"顿悟",意为立刻明白了,也可理解为立刻领会了。又,"吾言之久,儿终不悟",意为我说了很长时间,儿子始终不领会。

练习

1 解释文中加点的词。
　　① 临 _____
　　② 终 _____
　　③ 予 _____
　　④ 俄 _____
　　⑤ 固 _____
　　⑥ 卒 _____

2 翻译。
　　单者易折,众则难摧。

39 陈元方答客

陈太丘与友期^①行，期日中。过中不至，太丘舍去，去后乃至。元方时年七岁，门外戏。客问元方："尊君在不？"答曰："待君久不至，已去。"友人便怒曰："非人哉！与人期行，相委而去。"元方曰："君与家君期日中，日中不至，则是无信；对子骂父，则是无礼。"友人惭，下车引^②之，元方入门不顾。

注释

① 期：约定。　② 引：牵，拉。

故事大意

陈太丘跟朋友约定时间外出，时间定在中午。然而过了中午友人没到，陈太丘于是不等他先走了，陈太丘走后友人才到。（陈太丘的儿子）元方当时才七岁，在门外玩耍。友人问元方："你父亲在不在家？"（元方）回答说："等了您很久，您没来，他已走了。"友人于是发怒说："不是人啊！跟人约定同行，竟抛下我独自走了。"元方说："您与我父亲约定在中午，到了中午不来，就是失信；对着儿子骂父亲，就是没礼貌。"友人感到惭愧，走下车想拉元方，元方头也不回地走进门里去了。

小知识

1. 古人说：一言既出，驷(sì)马难追。意为一句话说出，用四匹好马拉的快车也追不回，比喻话说出后无法收回。元方与客人的对话，表现了元方的聪敏，懂得为人处世的道理。

2. 释"引"。上文"下车引"中的引，指拉。又，"有人落水，吾引之上"，意为有人落水，我把他拉上来。又，"有人引犬而行"，意为有人拉着狗走路。

练习

1 解释文中加点的词。

① 至 ＿＿＿＿＿＿＿＿

② 舍 ＿＿＿＿＿＿＿＿

③ 去 ＿＿＿＿＿＿＿＿

④ 顾 ＿＿＿＿＿＿＿＿

2 翻译。

① 尊君在不？

＿＿＿＿＿＿＿＿＿＿＿＿＿＿＿＿＿＿＿＿＿＿＿＿＿＿＿＿＿＿＿＿＿

② 相委而去。

＿＿＿＿＿＿＿＿＿＿＿＿＿＿＿＿＿＿＿＿＿＿＿＿＿＿＿＿＿＿＿＿＿

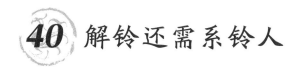

40 解铃还需系铃人

金陵^①清凉寺有禅师^②名法灯。性豪放,常不守戒律,又不事事,众易之。独禅师法眼重之。一日,法眼问众僧:"虎颈金铃,谁能解得?"众无对。适法灯至,法眼以前事问。法灯不加思索,亟曰:"系者能解。"法眼曰:"汝辈不得易之。"

注释

① 金陵:古城名。　② 禅师:对和尚的尊称。

故事大意

金陵清凉庙中有禅师,名为法灯。法灯性格豪放,经常不遵守佛教的清规戒律,又不肯做事,很多和尚轻视他。独有法眼器重他。一天,法眼问大家:"老虎头颈上的金铃,谁能把它解下来?"大家都无法回答。这时恰巧法灯进来,法眼就用刚才的事问法灯。法灯不加思索,立刻说:"谁扎上去的,谁就能把它取下来。"法眼说:"你们不能轻视法灯。"

小知识

1.“解铃还需系铃人”最通俗的解释是“谁惹出来的麻烦,应该由惹麻烦的人自己去

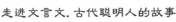

解决。"曹雪芹在《红楼梦》第九十回中,曾用过"心痛还得心药医,解铃还需系铃人"这样一句话,表达的也是这个意思。

2. 释"系"。它指扎,捆扎。上文"系者能解",意为谁扎上去的,谁就能把它解下来。又,"吏系得一盗",意为官府的差役捆绑住一个小偷。又,"腰系带,便于耕作",意为腰里扎上带子,便于耕作。

练习

1 解释文中加点的词。

　　① 易 _____

　　② 重 _____

　　③ 僧 _____

　　④ 对 _____

　　⑤ 适 _____

　　⑥ 亟 _____

2 翻译。

　　① 又不事事。

　　_____

　　② 虎颈金铃,谁能解得?

　　_____

41 "圣小儿"祖莹

　　莹(yíng)年八岁,能诵《诗》《书》①,十二,为中书学生。好学耽书,以昼继夜,父母恐其成疾,禁之不能止,常密于灰中藏火,驱逐僮仆,父母寝睡之后,燃火读书,以衣被蔽塞窗户,恐漏光明,为家人所觉。由是声誉甚盛,内外亲属呼为"圣小儿"。

注释

　　①《诗》《书》:指《诗经》和《尚书》。它们被儒家学派的人视为经典著作。

故事大意

　　祖莹八岁时,已经能背诵《诗经》和《尚书》,十二岁,当了中书学生。他爱好学习,沉浸在书本中,夜以继日。父母担心他因此而生病,禁止他苦读却禁止不了。他经常偷偷地在灰中储存火种,赶走仆人,等父母睡觉后,便点燃火读书,用衣被塞住窗子,以防漏出光亮,被家里的人发现。由此声誉很高,内外亲戚们都称他为"圣小儿"。

小知识

1. 祖莹勤学苦读,才华出众,很受皇帝的赏识,被任命为太学博士,三字经中也将祖莹当作学习的典范:"莹八岁,能咏诗;泌七岁,能赋棋。彼疑悟,人称奇,尔幼学,当效之。"

2. 释"亲"与"戚"。上文说的"亲戚",是两个不同含义的词。"亲"指亲族,即父母、兄弟、姐妹及堂兄弟姐妹。"戚"指母族,它指外公外婆、姨父母及表兄弟姐妹。这是古今词义的不同。

练习

1 解释文中加点的词。

    ① 诵 _____

    ② 耽 _____

    ③ 恐 _____

    ④ 疾 _____

    ⑤ 藏 _____

    ⑥ 寝 _____

    ⑦ 圣 _____

2 翻译。

恐漏光明,为家人所觉。

42 王安期不鞭书生

王安期作东海郡,吏①录一犯夜人来。王问:"何处来?"云:"从师家中受书还,不觉日晚。"王曰:"鞭挞宁越②以立威名,恐非致理之本。"使吏送令归家。

注释

① 吏:官府的差役。 ② 宁越:战国时赵国人,因努力求学十五年,而成周威王之师。

故事大意

王安期担任东海郡内史时,有差役逮捕了一个犯了宵禁的人。王安期问他:"你从什么地方来?"那人回答说:"从老师家学习回来,不知不觉天已晚了。"王安期说:"靠鞭打宁越(这样发奋读节的人)来树立威名,恐怕不是治理好地方的根本办法。"便叫差役护送他回家。

小知识

1. 因为社会动乱,王安期下令不得在夜间私自出行,这是正确的。而这位书生在夜间私行,是特殊情况。特殊情况特殊处理,体现了王安期是一个实事求是的人。

2. 释"致"。上文"非致理之本"中的致,指达到。"致治"指达到社会太平。又,"学以致用",意为学习是为了达到应用。又,"吾十日内而致京",意为我十天之内到达京城。

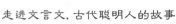 练习

① 解释文中加点的词。
　　① 录 _____
　　② 挞 _____
　　③ 立 _____
　　④ 本 _____
　　⑤ 使 _____

② 翻译。
　　从师家中受书还。

　　_____

43 公孙仪不受鱼

公孙仪①嗜鱼,举国之富人竞市鱼而献之。公孙仪皆不受,其左右谏曰:"尔嗜鱼而不受,何也?"公孙仪曰:"唯嗜鱼,故不受。若受鱼,必有下人②之情;有下人之情,必枉于法。枉于法,则免于相,虽嗜鱼,彼必不供我鱼。不免相,我能常市鱼。"左右之人以其言之有理。

注释

① 公孙仪:战国时期鲁国丞相。　② 下人:迁就别人。

故事大意

公孙仪爱好吃鱼,全国的富人争着买鱼送给他。公孙仪都不接受。他周围的人劝他说:"你喜欢吃鱼而不接受,什么原因?"公孙仪说:"因为喜欢吃鱼,所以不接受。如果接受了,一定会有迁就对方的感情;有了迁就对方的感情,一定会歪曲法律。歪曲了法律,丞相的位置就要被罢免,到那时,虽然爱吃鱼,他们一定不会供给我鱼。丞相的位置不被罢免,我能经常自己买鱼。"周围的人认为他说的有理。

1. 聪慧如公孙仪,为官清廉,洁身自好,才是立身之本。嗜鱼却不收鱼,看似不近人情,其实蕴涵着为人为官的大智慧。

2. 释"彼"。它指他,他们。上文"彼必不供我鱼"中的彼,即指他们。又,"彼有酒,常呼我共饮",意为他有酒,经常叫我同饮。又,"彼善人也",意为他是善良的人。又,"彼好学,吾不及",意为他爱好学习,我比不上他。

练习

1 解释文中加点的词。

① 嗜 _____

② 举 _____

③ 竞 _____

④ 市 _____

⑤ 谏 _____

⑥ 枉 _____

⑦ 免 _____

⑧ 市 _____

⑨ 以 _____

2 翻译。

唯嗜鱼,故不受。

44 陶侃惜谷

陶侃①尝出巡,见人持一把未熟稻。侃问:"欲何用?"人云:"行道所见,聊②取之。"侃大怒,诘曰:"汝不田,而贼人稻!"令吏执而鞭之。是事广传,是以百姓勤于农作,家有余粮,无饿者。后值荒,而邑③中无死者。

注释

① 陶侃:晋朝著名政治家、军事家。   ② 聊:随意。   ③ 邑:县,当地。

故事大意

陶侃曾经外出视察,看见有人拿着一把没成熟的稻子。陶侃问:"你要这干什么?"那人说:"走在路上看到的,随意摘取了它。"陶侃顿时大怒,责问说:"你不种田,还要祸害别人家的稻子。"叫差役抓住他,并鞭打了他。这事广为流传,所以百姓努力耕作,家家有余粮,没有挨饿的人。后来遇到荒年,但当地没有饿死的人。

小知识

1. 陶侃爱护庄稼而执法严,因此老百姓都勤恳耕种,家家生活宽裕,人人丰衣足食。

从中也体现了陶侃爱民如子,正直节俭的好品质。

2. 释"诘"。它指问,责问。上文的"诘",指责问。又,"师诘之,作业何为抄袭",意为老师责问他,作业为什么要抄袭。又,"其人窃吾池鱼,吾诘之",意为那人偷我池塘里的鱼,我责问他。

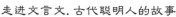 练习

1 解释文中加点的词。
　　① 尝 _____
　　② 巡 _____
　　③ 持 _____
　　④ 云 _____
　　⑤ 吏 _____
　　⑥ 值 _____

2 翻译。
　　汝不田,而贼人稻!

_____

45 曾参不受赠地

曾参①衣敝衣而耕。鲁国国君使人致地曾参。曾参不受。使者返,复往,仍不受。使者曰:"尔非求于人也,吾君献之,奚为不受?"曾参曰:"臣闻之:'受人者畏人,予人者骄人。'即不骄我,我能勿畏乎?"孔子闻之,曰:"参之言,足以全其节②。"

注释

① 曾参(shēn):孔子的学生之一。 ② 节:气节。

故事大意

曾参穿着破旧的衣服耕作。鲁国国君派人送给他一块田地。曾参不接受。使者回去,后来又到曾参处,曾参依旧不接受。使者说:"你不是向人讨来的,是国君送给你的,为什么不接受呢?"曾参说:"我曾经听过这样的话:无缘无故接受别人赠送的人,会敬畏对方,而送东西给人的人,会傲视对方。纵然国君不傲视我,我能不害怕他吗?"孔子听说这事后,说:"曾参的话,足够用来保全他的气节。"

小知识

1. 所谓"无功不受禄",曾参的处世之道十分值得学习。他为了自己的节操,不接受他人的赠予,这样才能爱惜自己的气节,不为权贵所控制,守护自己的尊严。

2. 释"予"。上文中的"予",指给。又,"友予吾一鸡",意为朋友给我一只鸡。又,"叔予吾一新鞋",意为叔父给我一双新的鞋子。又,"吾有一幅古字,不予人观",意为我有一幅古人写的字,从不给人看。

练习

1 解释文中加点的词。

① 致 _____

② 复 _____

③ 献 _____

④ 骄 _____

⑤ 以 _____

2 翻译。

① 衣敝衣而耕。

_____

② 奚为不受?

_____

46 馆竖子的好主意

卞庄子欲刺虎,馆竖子^①止之,曰:"两虎方且^②食牛,食甘必争,争则必斗,斗则大者伤,小者死,若从伤而刺之,一举必有杀双虎之名。"

卞庄子以为然,立须之。有顷,两虎果斗,大者伤,小者死。庄子从伤者而刺之,一举果有双虎之功。

注释

① 馆竖子:旅馆里的小伙计。　② 方且:正要。

故事大意

卞庄子准备刺杀老虎,旅馆里的小伙计阻止他,说:"两只老虎正要吃牛,吃得有滋味时一定会互相争夺,争夺就一定会斗殴,斗后大老虎受伤,小老虎死了,(你)向受伤的大老虎刺杀,一举定有杀双虎的名声。"

卞庄子认为他说得对,站着等候。过了一会儿,两只老虎果然争斗起来,大的受伤,小的被咬死。卞庄子朝着受伤的老虎刺去,一举果然有了杀死双虎的功劳。

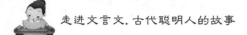

小知识

1. 这个故事告诉我们,只有善于分析矛盾,利用矛盾,把握时机,有智有勇,才能收到事半功倍,甚至一举两得的效果。

2. 释"方"。它是个多义词。上文"两虎方且食牛"中的方,作"正在"解释。又,"秦王方环柱走",意为秦王正在绕着柱子跑。又,"文方成草",意为文章正在打成草稿。

练习

1 解释文中加点的词。
　① 甘 _____
　② 然 _____
　③ 须 _____

2 翻译。
两虎方且食牛。

_____

47 王安石改诗

　　王安石①有诗:"京口瓜洲②一水间③,钟山④只隔数重山。春风又绿江南岸,明月何时照我还?"有人藏其草,初言"又到江南岸",圈去"到",注曰"不好"。又改"过",复圈去,改为"入",旋改为"满"。又觉不佳,凡如是十许字,始定为"绿"。诗流四方,人言"绿"字至妙。

注释

　　① 王安石:北宋政治家、文学家、思想家、改革家。　② 京口瓜洲:两处地名。
③ 间:隔。　④ 钟山:地名。

故事大意

　　王安石曾写过一首诗:"京口瓜洲一水间,钟山只隔数重山。春风又绿江南岸,明月何时照我还?"有人藏着他的草稿,开始说"又到江南岸",圈去"到",注解说"不好"。又改"过"字,又圈去。改为"入"字,不久改为"满",又觉得不好,总共像这样改换了十来个字,才确定用"绿"字。他的这首诗流传四面八方,人们说"绿"字用得最好。

小知识

1. 话说王安石。王安石字介甫,临川人,故又被称为王介甫、王临川。他不仅是宋朝著名的诗人、文学家,而且是杰出的政治改革家,曾被列宁称赞过。他做宰相时,推行多种改革方案,如废除贵族特权等,但由于保守派的反对,以失败告终。

2. 释"旋"。它指不久。又,"乌云满天,旋即倾盆大雨",意为乌云满天,不久就大雨倾盆。又,"吾与书,旋回信",我给他写信,不久便得到了回信。又,"吾母病,经疗,旋即愈",意为我母亲有病,经过治疗,不久便痊愈了。

练习

1 解释文中加点的词。

① 还 _____

② 草 _____

③ 初 _____

④ 复 _____

⑤ 佳 _____

⑥ 始 _____

⑦ 流 _____

⑧ 至 _____

2 翻译。

凡如是十许字。

_____

48 薛谭学讴于秦青

　　薛谭学讴于秦青,未穷青之技,自谓尽之,遂辞归。秦青弗止,饯于郊衢①。抚节悲歌②,声振林木,响遏行云。薛谭乃谢求反,终身不敢言归。

注释

　　① 衢(qú):大路。　　② 抚节悲歌:打着竹制的乐器慷慨悲歌。

故事大意

　　薛谭向秦青学唱歌,还没全部掌握秦青的技巧,就自认为全部学到手了,于是便向老师告辞回家。秦青不阻止,在郊外大路旁设宴送别。秦青打着竹制的乐器慷慨悲歌,声音震动了附近的林木,清亮的回响遏止了天上飘的云。薛谭听了,连忙道歉认错,请求继续在门下学习,终身都不敢说要回去的事。

小知识

　　1. 秦青悲歌一曲,惊天动地,薛谭幡然悔悟,始知学无止境,自己学艺不精。这篇古文提醒我们学习切不可浅尝辄止,更不能稍有成绩就自满,要有勇攀高峰的精神。

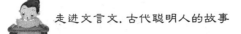

2. 释"弗"。它相当于勿,不。上文"弗止",意为不阻止。又,"吾之言,儿弗从",意为我的话,儿子不听从。又,"弗与恶人交",意为不要跟坏人交朋友。

练习

1 解释文中加点的词。

　　① 讴 _____

　　② 于 _____

　　③ 辞 _____

　　④ 遏 _____

　　⑤ 谢 _____

2 翻译。

　　① 未穷青之技。

　　_____

　　② 响遏行云。

　　_____

49 欧阳询观古碑

欧阳询①尝行，见古碑，晋朝索靖②所书。驻马观之，良久乃去。数百步复返，下马伫立，及疲，乃布裘坐观，因宿其旁，三日方去。故其艺日益精，后人称为"欧体"。

注释

① 欧阳询：唐朝大臣、书法家。　② 索靖：西晋将领、书法家。

故事大意

欧阳询曾经外出，在路上看到一座古碑，上面的字是晋朝人索靖所写的。他停下马看古碑上的字，很久后才离去，走了几百步又回来了，下马停立，等到疲倦了，就铺开皮衣坐着观看，而且睡在古碑旁，三天才离去。所以他的书法一天比一天精妙，后代人称他写的字为"欧体"。

小知识

1. 欧阳询是唐朝著名书法家。他的字开始临摹自晋朝的王羲之，后来自成一体。与虞世南、褚遂良、薛稷并称为唐初四大书法家。博采众长是他成功的重要原因。

2. 释"书"。上文"晋朝索靖所书"中的书,指写。又,"吾父日书千言",意为我父亲每天写一千字。又,"其字乃名人所书",意为那字是名人写的。

练习

1 解释文中加点的词。
　　① 尝 _____
　　② 驻 _____
　　③ 良 _____
　　④ 乃 _____
　　⑤ 仁 _____
　　⑥ 及 _____
　　⑦ 方 _____

2 翻译。
　　① 乃布裘坐观。

　　_____

　　② 故其艺日益精。

　　_____

50 望梅止渴

魏武①行役,失汲道②,三军皆渴。乃令曰:"前有大梅林,饶子,甘酸,可以解渴。"士卒闻之,口皆出水,乘此得及前源。

注释

① 魏武:指曹操。　② 汲道:取水之处。

故事大意

魏武帝(曹操)行军途中,找不到水源,士兵都感到口渴难耐。于是他传令道:"前面有一大片梅林,那树上结了很多果子,既甜又酸,可以解渴。"士兵们听到这话后,嘴里都流出水了,凭借这个办法得以到达前面有水源的地方。

小知识

1. 曹操不但善于用兵,更善于攻心。在行军缺水的困境中,他巧妙地运用"望梅止渴"的暗示来鼓舞士气,确实是一位不折不扣的谋略家。

2. 释"乘"。上文"乘此得及前泉"中的乘,指凭借。又,"不如乘势",意为不如凭借有利时势。

练习

1 解释文中加点的词。
　　① 乃 ＿＿＿＿＿＿
　　② 饶 ＿＿＿＿＿＿
　　③ 之 ＿＿＿＿＿＿
　　④ 及 ＿＿＿＿＿＿
2 翻译。
　　乘此得及前源。

＿＿＿＿＿＿＿＿＿＿＿＿＿＿＿＿＿＿＿＿＿＿＿＿＿＿＿＿＿

51 猿"送"宝石

云南之鄙,山有宝石,然山高,人不能至,而猿居遍山。

邑人①习弓,以丸弹猿。猿怒,遂拾石还击。人避之。俟②又弹,以触其怒,猿又掷石。石大小不一,人拾归,弃其劣者,剖得祖母绿③等佳品。售而得高值,此乃猿送之宝也。

注释

① 邑人:当地人。 ② 俟:一会儿。 ③ 祖母绿:一种宝石的名称。

故事大意

云南边境的山上有宝石,然而山很高,人不能攀上去,但猿住在山的各个地方。

当地人习惯拉弓,便用小石子弹猿,猿发怒了,就拾起石块还击,人们躲避石块。一会儿又弹射,用来激怒猿,猿又掷石块。石块大小不一,人们拾了石块回家,抛弃不好的,剖得祖母绿等上好的宝玉。出卖宝玉能得到高价,这是猿送的珍宝。

小知识

1. 山上有宝石,但山高人无法登上去,于是用激怒猿的办法,终于获得了不少宝石。

人和猿的区别正在于人有很强的思考能力。遇到问题时,换一个角度去考虑,就会有新的思路产生。

2. 释"佳"。它多指好或上品。上文说的"佳品",是指好的宝玉。又,"吾有佳食,邀友人共尝",意为我有美好的食品,邀请友人同吃。

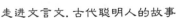

1 解释文中加点的词。

　　① 鄙 _____

　　② 至 _____

　　③ 习 _____

　　④ 丸 _____

　　⑤ 劣 _____

　　⑥ 乃 _____

2 翻译。

售而得高值。

_____

52 子奇治县

　　子奇年十六,齐君①使治阿②。既而君悔之,遣使追。追者返,曰:"子奇必能治阿,共载者皆白首也。以老者之智,以少者决之,何事不成?"子奇至阿,熔兵器作农具,出库粮以济贫穷,阿县大治③。魏④欲攻之,闻有子奇,遂退。

注释

　　① 齐君:齐国国君。　　② 阿(ē):指阿县。　　③ 大治:非常太平。　　④ 魏:魏国。

故事大意

　　子奇十六岁,齐国国君派他去管理阿县。不久又懊悔了,派人把子奇追回来。追的人回来后说:"子奇一定能把阿县治理好,因为跟他同坐一辆车的都是白发老人。用老人的智慧与经验,再加上年轻人的决断力,有什么事不能做成的?"子奇到了阿县,熔化兵器改作农具,拿出仓库里的粮食救济贫苦的人家,于是阿县非常太平。魏国想攻打阿县,听说有子奇在管理,就退兵了。

小知识

　　1. 子奇虽然只有16岁,但能把阿县管理得很好。一是因为他年轻,有决断力,无所

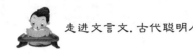

畏惧;二是因为他有一批老人支持。俗话说姜还是老的辣,老人更有经验,老少结合,取长补短。

2. 释"济"。它指救助。上文"济贫穷",意为救助贫穷的人家。又,"友遭难,吾济之",意为友人遭遇困难,我帮助了他。又,"是人恶,无人济之",意为这人行为恶劣,没人帮助他。

练习

1 解释文中加点的词。

① 遣 _____

② 载 _____

③ 决 _____

④ 熔 _____

⑤ 遂 _____

2 翻译。

① 既而君悔之。

_____

② 魏欲攻之。

_____

53 范元琰为人善良

　　范元琰(yǎn)，吴郡钱塘①人也。及长好学，博通经史，兼精佛义，然性谦敬，不以所长骄人。家贫，唯以园蔬为业。尝出行，见人盗其菘②，元琰遽退走。母问其故，具以实答。母问盗者为谁，答曰："向所以退，畏其愧耻，今启其名，愿不泄也。"于是母子秘之。

注释

　　① 钱塘：古地名。　　② 菘(sōng)：白菜。

故事大意

　　范元琰是吴郡钱塘人，年轻时好学不倦，广通经史古籍，又精通佛教教义，然而又很谦虚恭敬，没有因为自己学有所长而瞧不起别人。(他)家庭贫困，仅以种菜为业。曾经出门，看到有人偷他的白菜，元琰急忙离去。母亲问他这是什么原因，元琰以实情回答。母亲问他偷白菜的是谁，元琰回答说："早先之所以要退避，我怕他感到惭愧羞耻，如今我把他的名字说给你听，希望你不要泄漏出去。"于是母子两人共同保守这个秘密。

小知识

1. 范元琰博通经史，精研佛学，但是为人很谦逊，从没有以自己的所长而看不起别人，甚至不计较盗贼的德行，为保全对方的自尊而保守秘密，这就是以德服人。

2. 释"以"。上文"不以所长骄人"中的以，指因为。又，"孙膑以此名显天下"，意为孙膑因为这件事闻名天下。

练习

① 解释文中加点的词。
    ① 及 _____
    ② 尝 _____
    ③ 遽 _____
    ④ 泄 _____

② 翻译。
    ① 不以所长骄人。

    _____

    ② 具以实答。

    _____

54 有罪裹碧头巾

　　李封为延陵①令，吏人有罪，不加②杖罚，但令裹碧头巾以辱之。随所犯轻重，以日数为等级，日满乃释，吴人著此服出入，州乡以为大耻，皆相劝励，无敢僭违，赋税常先诸县。既去官，竟不捶一人。

注释

　　① 延陵：古地名。　② 加：施加。

故事大意

　　李封做延陵地方的县官时，(如果)有人犯了轻罪，(他)不用棍打施罚，只让罪犯包扎绿色的头巾来羞辱他们。根据所犯罪责轻重，以日数划分不同等级，日子满了就解脱头巾，吴人包扎绿头巾进出，人们认为这是可耻的，都互相劝说勉励，不敢犯罪，赋税常常比其他县先收上来。当(他)离任时，终究没有杖责过一个人。

小知识

　　1. 李封用绿色的布给犯人包扎头部，当然这是针对犯轻罪的人，罪重的不在内，这办法在现在看来,是有辱人格的,但在当时却是个好办法。对小偷小摸的人或骗子来说,有威慑力。

2. 释"竟"。它指终,最终。上文"竟不捶一人",意为最终没有一个人受罚。又,"父母竟日耕作,极辛苦",意为父母亲终日耕作,极为辛苦。成语有"有志者事竟成",意为有志气的人最终事业有成。

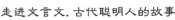 练习

1 解释文中加点的词。

① 乃 _____

② 释 _____

③ 耻 _____

④ 相 _____

2 翻译。

但令裹碧头巾以辱之。

55 樊重树木

樊重欲作器物，先植梓漆①，时人嗤之："尔将老，是树何年可用？"樊重不对。然积以岁月，皆得其用，向之笑者，咸求假焉。此为种植之不可已也。谚曰："一年之计，莫如②种谷；十年之计，莫如植木。"目光短浅者，远不及樊重也。

注释

① 梓(zǐ)漆：它指梓树与漆树。在古代是制琴瑟的好材料。　② 莫如：不如。

故事大意

樊重想制作家具，先种梓树和漆树，当时有人嘲笑他，说："你老了，这树哪年可派上用场？"樊重不回答。然而过了好几年，树木都成材了，早先讥笑他的人，都来向他借用木材。这叫作种植是不可停止的。俗话说："为一年考虑，宜种稻子，为十年考虑，不如植树。"目光短浅的人，远远比不上樊重。

小知识

1. 古人寿命短，四五十岁的人往往自称老人了。其实樊重当时也不过五十来岁，他

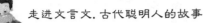

种的梓漆没几年就派上了用场。他有远见,不少人在这一点上是比不上他的。有远见恰恰也是聪明的表现之一。樊重种树,即使自己没用上,子孙后代也能受益。

2. 释"向"。上文"向之笑者"中的向,它指早先。又,"向吾曾学书法",意为早先我曾学书法。又,"向是地有池,今已成大路",意为早先这里有池塘,如今已成大路。

练习

1 解释文中加点的词。
　　① 噬 _____
　　② 尔 _____
　　③ 是 _____
　　④ 对 _____
　　⑤ 已 _____
2 翻译。
　　① 然积以岁月。

　　　_____

　　② 远不及樊重也。

　　　_____

56 一行尊法

一行①幼时家贫,邻有老妇,悯之,常以衣物财货济之。及唐玄宗时,一行之京,上甚重之,言无不听。寻②老妇之儿犯杀人罪,妇亟至京,访一行求救。一行曰:"尔欲财物,吾当十倍酬之。然帝执法甚严,难于以情求,如何?"妇怨而骂之,则归。

注释

① 一行:唐朝的高僧。　② 寻:不久。

故事大意

一行小时候家庭贫困,邻居有个老妇人,很可怜他,经常拿衣物及钱货帮助他。到了唐玄宗时,一行到了京城,皇帝很敬重他,一行说的皇帝都听从。不久那老妇人的儿子杀了人,老妇人急忙赶到京城,拜访一行,向一行求救。一行说:"你要财物,我愿十倍报答你。然而皇帝执法很严,很难用感情请求宽大处理,你看如何办?"老妇人怨恨,骂了一行,就回去了。

小知识

1. 话说"一行"。他本姓张，名遂，二十一岁时出家做和尚。他爱读书，懂得印度文字，翻译《大日经》等多部外文书籍。他又是著名的天文学家，所以皇帝很敬重他。

2. 释"寻"。古文中的"寻"，多指不久。上文"寻老妇之儿犯杀人罪"中的寻，即指不久。又，"吾母为毒蛇啮，寻死"，意为我母亲被毒蛇咬了，不久便死去了。

练习

1 解释文中加点的词。
　　① 悯 _____
　　② 济 _____
　　③ 及 _____
　　④ 之 _____
　　⑤ 亟 _____
　　⑥ 则 _____

2 翻译。
　　① 上甚重之。

　　_____

　　② 吾当十倍酬之。

　　_____

57 华佗巧治郡守病

　　有一郡守病,佗以为其人盛怒则差①,乃多受其货而不加治,无何弃去,留书骂之。郡守果大怒,令人追捉杀佗。郡守子知之,属使勿逐。守嗔恚②既甚,吐黑血数升③而愈。

注释

　　① 差:病好了。　　② 恚(huì):恼怒,发怒。　　③ 升:旧时的量器,十升为一斗。

故事大意

　　有个郡守得了病,华佗认为郡守只要大怒病就会好,因此接受郡守的很多财物而不给他治病,没多久抛下太守自己走了,而且留信大骂郡守。郡守果然大怒,派人追杀华佗。郡守的儿子知道华佗的方法,嘱咐手下人不要追杀华佗。郡守愤怒到极点,吐出好几升黑血,病就好了。

小知识

　　1. 华佗是汉朝末年人,他是著名的医生,精通内科、外科、妇科、小儿科。曾发明"麻沸散",它是一种麻醉剂,服后可进行腹部手术。后因不肯为曹操治病而被杀害。

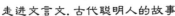
2. 释"延"。它指请，邀请。上文"延佗治之"中的延，即解释为请。又，"友人延吾宴"，意为朋友邀请我参加宴会。又，"吾儿尚幼，勿延师教"，意为我儿子还小，不请老师教学。

释"甚"。它指厉害，严重。上文"嗔恚既甚"中的甚，即解释为严重。又，"甚于防川"，意为比堵塞河川引起的水患还要严重。又，"盗暴尤甚"，偷盗骚扰得尤其厉害"。

练习

1 解释文中加点的词。

　　① 加 _____

　　② 书 _____

　　③ 逐 _____

2 翻译。

　　无何弃去。

_____

58 喻皓建斜塔

　　喻皓①为名建筑家,为开封②建开宝寺塔前,先制模型,而后成。其又筑塔,然塔斜向西北,人皆怪之。名师安能造塔而斜。或询之,喻皓曰:"是塔地处西北,而西北风劲,非斜则倒。"多年后塔果直,人咸赞其有预见也,故名闻遐迩。

注释

　　① 喻皓:宋朝建筑工匠。　② 开封:古地名。

故事大意

　　喻皓是著名的建筑家,给开封建筑开宝寺塔前,先做了个模型,然后建筑。之后他又筑塔,但是塔向西北倾斜,人们都对此感到奇怪。名师怎能筑出斜的塔?有人询问喻皓,喻皓说:"这塔地处西北,而西北风很猛烈,不筑成斜的便会倒塌。"多年后斜塔果然被西北风吹直了,人们都夸赞他有预见,所以喻皓筑塔远近闻名。

小知识

　　1."凡事预则立,不预则废。"我国很早以前就把一年分为二十四个节气,如"春分"

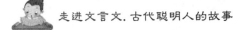
走进文言文·古代聪明人的故事

"立秋"等。春分后即要忙于农事,立秋后天气渐寒,要赶快织布制衣。这些节气,都告诉人们要有预见。

2. 释"咸"。它指都。上文"人咸赞其有预见也",意为人们都称赞他有预见。又,"邑人咸喜食腌制品",意为当地人都喜欢吃腌制的食品。

练习

1. 解释文中加点的词。

　　① 为 _____

　　② 名 _____

　　③ 安 _____

　　④ 是 _____

　　⑤ 劲 _____

2. 翻译。

　　① 人皆怪之。

　　_____

　　② 或询之。

　　_____

　　③ 故名闻遐迩。

　　_____

116

59 俞明钓鱼

　　吾钓鱼,常得十尾许①,烹而食之,尚有余。邻人羡之,亦从吾钓,然常徒手而归。邻询吾其窍,吾不对。后邻固问,吾曰:"予之饵②中,拌有香料,鱼喜食,故多上钩。"邻曰:"吾拙,不知有此技。"自此,邻亦钓得数尾。

注释

　　① 许:表示大约的数量。　② 饵:此指鱼食。

故事大意

　　我钓鱼,经常能钓到十来条,煮后还有多余。邻居很羡慕我,也跟随我钓鱼,然而他经常空手回家。他问我钓鱼的窍门,我不回答。后来那邻居坚持要问,我说:"我的鱼食中拌有香料,鱼爱吃,所以很多鱼上钩了。"邻居说:"我笨,不知道有这方法。"从此,邻居也能钓到好几条鱼。

小知识

1. 同样是钓鱼,俞明有窍门,所以得鱼甚多,而邻居不得其法,所以常空手回家。这

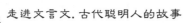

个故事告诉我们,做事要动脑子,光靠蛮干是不行的。

2. 释"许"。它是个约数,相当于大约,左右。如上文"十尾许"中的许。又,"敌唯数百许无惧",意为敌人只有几百人左右,不要害怕。又,"树上有鸟十许",意为树上有十来只鸟。

 练习

① 解释文中加点的词。
 ①尾 _____
 ②尚 _____
 ③从 _____
 ④徒 _____
 ⑤对 _____
 ⑥固 _____
 ⑦拙 _____
 ⑧亦 _____

② 翻译。
 邻询吾其窍。

60 韩信钻袴

　　淮阴屠中少年有侮信者,曰:"若①虽长大,好带刀剑,中情②怯耳。"众辱之曰:"信能死,刺我;不能死,出我袴下。"于是信熟视③之,俯出袴下,蒲伏④。一市人皆笑信,以为怯。

注释

　　① 若:你。　　② 中情:内心。　　③ 熟视:仔细看。　　④ 蒲伏:同"葡萄",跪在地上爬行。

故事大意

　　淮阴有个年轻的屠户侮辱韩信,说:"你虽然长得高大,喜欢佩带刀剑,可内心胆小怕事。"又当众侮辱韩信说:"你不怕死,就用剑来刺我;如果怕死,从我两腿之间爬过去。"于是韩信盯了他很久,伏下身子从他的胯下爬了过去。整个集市的人都嘲笑韩信,以为他胆小。

小知识

　　1. 韩信是汉朝开国大将,古人说"韩信领兵,多多益善"。俗话说"好汉能忍得一时,

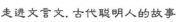走进文言文·古代聪明人的故事

得益于一世",韩信正是这样的好汉。若是当时一时冲动,可能当场就被对方刺死。

2. 释"一"。上文中的一,不是数字,应解释为"整个"。"一市人皆笑信",意为整个市场上的人都嘲笑韩信。又,"敌来,一城皆空",意为敌人来攻打,全城都空了,百姓逃光了。

练习

① 解释文中加点的词。
　　① 侮 _____
　　② 带 _____
　　③ 笑 _____
② 翻译。
　　以为怯。

61 诸葛恪得驴

　　诸葛恪(kè)字元逊,瑾长子也。恪父瑾脸长似驴①。一日,孙权②大会群臣,使人牵一驴入,长检其面,题曰:诸葛子瑜。恪跪曰:"乞请笔益两字。"因听与笔。恪续其下曰"之驴"。举坐欢笑,权乃以驴赐恪。

注释

　　① 脸长如驴:面孔狭长如驴面。　　② 孙权:三国时东吴开国皇帝。

故事大意

　　诸葛恪字元逊,是诸葛瑾的长子。诸葛恪的父亲诸葛瑾脸狭长如驴脸。一天孙权召集一大群大臣,派人牵来一头驴,在驴面上贴了个很长的纸条,在上面题写"诸葛子瑜"四个字。诸葛恪跪下来说:"恳请给我一支笔增添两个字。"孙权就答应了给他一支笔。诸葛恪在那些字下写了"之驴"。满座的人欢笑起来,孙权就把驴子赏赐给了他。

小知识

　　1. 话说孙权。孙权字仲谋,是汉朝末年吴国的开国皇帝,有智谋,曾联合刘备在赤壁

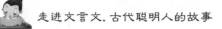

大败曹操,后世称"赤壁之战"。他重视农桑,在江南带领百姓开垦了很多荒地。

2. 话说"字"。古人除了姓名之外,往往还有字。上文说的诸葛瑾,字子瑜。古代一般男性或女性在成年时要举行仪式,由长辈或当地德高望重的人在这个仪式上给他取字。之后,别人一般都要叫他的字以示尊重,而不再直呼其名。

练习

1 解释文中加点的词。
　　① 会 _____
　　② 题 _____
　　③ 举 _____

2 翻译。
　　① 乞请笔益两字。

　　_____

　　② 权乃以驴赐恪。

　　_____

62 王戎识李

　　王戎①七岁,尝与诸小儿游。看道边李树多子折枝,诸儿竞走②取之,唯戎不动。人问之,答曰:"树在道边而多子,此必苦李。"取之,信然③。

注释

　　① 王戎(róng):晋朝人,竹林七贤之一。　② 竞走:争着跑过去。　③ 信然:的确如此。

故事大意

　　王戎七岁时跟众多小孩外出游玩。(他们)看到路边李树上结了很多果子,枝条都被压断了,小孩们争着奔过去采摘,只有王戎站在原地不动。有人问他为什么不去采摘,王戎回答说:"李树长在道路边,结了很多果子,这一定是苦李。"摘了李子尝,果然是这样。

小知识

　　1. 王戎识李的故事给我们的启示是,任何时候都要有独立的思想,不能盲目地随波逐流。要学会仔细观察,多思考,作出合理的推测。

2. 释"唯"。它指只,只有。上文"唯戎不动",意为只有王戎站在原地不动。又,"唯是人不言",意为只有这个人不开口。又,"吾唯一履",意为我只有一双鞋子。

练习

1 解释文中加点的词。
① 诸 _____
② 子 _____
③ 答 _____

2 翻译。
诸儿竞走取之。

_____

63 魏文侯按时猎

　　魏文侯①与人期猎。是日，宫中饮，饮甚酣，适天雨。文侯将出，左右曰："今日饮酒乐，天又雨，公将焉之?"文侯曰："吾与人期猎。"左右又曰："可罢，改日而猎。"文侯曰："不可。人若无信，岂能信于他人哉? 又岂能治国?"遽②行。

注释

　　① 魏文侯：周朝春秋时魏国国君。　　② 遽：立刻，马上。

故事大意

　　魏文侯跟人约定时间外出打猎。这天，他在宫中饮酒，喝得很畅快，恰巧下雨。文侯将要出发，周围的人说："今天饮酒很快乐，天又下雨，你将要到哪儿去?"文侯说："我跟人约定打猎。"周围的人又说："可以暂停，改天再打猎。"文侯说："不可以。人如果不守信用，怎能被别人信任，又怎能治理国家?"便立刻出发去打猎。

小知识

　　1.《论语·学而》有云："与朋友交，言而有信。"中国人自古重信守诺，有一诺千金、一

言九鼎之说,将信用视为做人之道、为人之本。魏文侯作为一国之君,即使下雨也要赴约,是布信于天下,难怪深受各国的敬重。

2. 释"遽"。它指立刻,马上。上文"遽行",意为立刻出发。又,"母有急疾,遽延医治",意为母亲有病,立刻请医生治疗。又,"天暴雨,遽收晒谷",意为天突然下雨,马上收拾晒的谷子。

练习

① 解释文中加点的词。
    ① 期 _____
    ② 是 _____
    ③ 酣 _____
    ④ 适 _____
    ⑤ 罢 _____
② 翻译。
    ① 公将焉之?

    _____

    ② 岂能信于他人哉?

    _____

64 王著教宋太宗习字

　　王著学晋人王羲之书①，深得其法②。宋太宗听政之余，亦习字，数遣太监持字示王著。著每以为未善。太宗益专心学。又以问著，著对如初。或询王著，著曰："书固佳矣，若遽称善，恐帝不复专心。"其后，帝笔法精妙，逾前古人，世以为此有王著之功也。

注释

　　① 书：书法。　② 法：方法。

故事大意

　　王著学晋朝王羲之的书法，对笔法理解透彻。宋太宗上朝之后，也练习写字，多次派太监拿了字给王著看。王著每次都说还不算好。太宗于是更加专心学习。后来又问王著，王著的回答跟早先一样。有人问王著，著说："皇帝的字本已很好了，如果立刻说好，担心皇上不再专心习字。"后来，宋太宗的字更加精妙，超过了古人，世人认为这有王著的一份功劳。

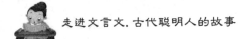

小知识

1. 王著是一个要求严格、循循善教的人。从他教宋太宗习字也能让我们认识到不管学习什么技艺，要想取得成就，就不能自得自满，而要精益求精。

2. 释"益"。上文"太宗益专心学"中的益，指更加。又，"邑中贼益多"，意为"当地强盗更加多了"。又，"经商赢利，故益富。"意为做生意赚钱，所以更加富了。

练习

1 解释文中加点的词。
　　① 亦 _____
　　② 遣 _____
　　③ 善 _____
　　④ 询 _____
　　⑤ 固 _____
　　⑥ 逾 _____
2 翻译。
　　① 数遣太监持字示王著。

　　_____

　　② 著对如初。

　　_____

65 曾参教子

曾子①之妻之市,其子随之而泣。其母曰:"女还,顾反为女杀彘②。"妻适市来,曾子欲捕彘杀之。妻止之曰:"特③与婴儿戏耳。"曾子曰:"婴儿非与戏也。婴儿非有知也,待父母而学者也,听父母之教。今子欺之,是教子欺也。母欺子,子而不信其母,非所以成教也。"遂烹彘也。

注释

① 曾子:即曾参(shēn),孔子的学生。 ② 彘(zhì):猪。 ③ 特:只,不过。

故事大意

曾参的妻子要到集市去,她的儿子哭着要跟去。孩子母亲说:"你回去,等我回家后给你杀猪吃。"妻子去集市回来后,曾参想要捉猪去杀。妻子阻止他说:"我只不过跟儿子开个玩笑罢了。"曾参说:"小孩是不能跟他开玩笑的。孩子是不懂事的,要学父母的样子,听从父母的教诲。如今你欺骗儿子,这是教儿子欺骗他人。母亲欺骗儿子,儿子就会不信任母亲,这不是教育孩子该用的方法。"于是就杀了猪并把它煮了。

小知识

1. 父母是孩子的第一任老师,所以在培养孩子的时候,父母应该以身作则。曾子作为儒学大师,仁义礼智信是他教育孩子的重要准则。在他看来,既然妻子答应了要给孩子杀猪,言必行,行必果,那么就一定要杀猪。

2. 释"特……耳"。它指不过……罢了。上文"特与婴儿戏耳",意为只不过跟小孩开个玩笑罢了。又,"敌特数十耳,何惧之有",意为敌人只不过几十个人罢了,有什么可害怕的。

练习

1 解释文中加点的词。
　　① 之 _____
　　② 泣 _____
　　③ 戏 _____

2 翻译。
　　非所以成教也。

_____

66 银工家出宰相

李邦彦于宋钦宗时为宰相。父曾为银工①。或以此讥之。邦彦羞②之，归而告其母。母曰："无羞也。宰相后代为银工，乃羞；银工家出宰相，此美事也。"自此，邦彦出入朝廷，议论国家大事，绝无愧色。其母亦为时人嘉。

注释

① 银工：制作银器的工匠。　② 羞：以……为羞耻。

故事大意

李邦彦在宋钦宗时期担任宰相。他的父亲曾经是银匠，有人因此讥笑他。邦彦感到羞耻，回家时把这事告诉了母亲。母亲说："不要感到羞耻。宰相的后代做了银匠，才是羞耻；银匠家出了个宰相，这是美好的事。"从此李邦彦出入朝廷，议论国事，丝毫没有羞愧的神色。他的母亲也被当时的人赞扬。

小知识

1. 李邦彦的母亲有见识。她对儿子的教育值得称道，故历史留名。人的出身是无法

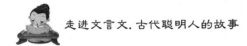

改变的,但往后的成长全看自己是否刻苦努力。

2. 释"嘉"。上文"其母亦为时人嘉"中的嘉,指赞扬。又,"其人多作善事,村民皆嘉之",意为那人做了很多好事,村民都赞扬他。

 练习

1 解释文中加点的词。
① 于 _____
② 美 _____
③ 绝 _____
④ 亦 _____

2 翻译。
或以此讥之。

_____

67 陈忠溺鼠

　　鼠好夜窃谷。陈忠置谷于盎①,鼠恣啮。易他处,又为鼠觅得。鼠殖高,故日益多。月余,谷且尽,陈忠患之。妻曰:"何不售之?"陈氏曰:"积谷防饥,不得售。"或教以术,以糠②易谷,糠浮于水面。是夜,群鼠复来,欣欣然入,不意咸溺死。陈忠叹曰:"早知有此术,吾谷不为鼠食矣!"

注释

　　① 盎(àng):一种陶制的盛器。　② 糠:谷的表皮。

故事大意

　　老鼠喜欢夜间偷吃谷子。陈忠把谷子放在盎中,老鼠放纵地吃。改换他处安放,又被老鼠找到。老鼠的繁殖率极高,所以越来越多。一个多月,谷子将被吃完。陈忠为此感到忧虑。妻子说:"为什么不把它卖掉?"陈忠说:"积谷防灾荒,不能出卖。"有人教给他一种方法,用糠换上谷,糠浮在水面上。这夜,一群老鼠又来了,兴高采烈地跳进盎内,不料都被淹死。陈忠感叹地说:"早知道有这个方法,我的谷子便不会被老鼠吃掉了!"

小知识

1. 老鼠过于贪婪,所以自取灭亡。因为贪婪总是与愚蠢同行,别人只需要用一点智慧,便能将其打败。

2. 释"且"。上文"谷且尽"中的且,指将,将要。又,"天且雨",意为天将下雨。又,"年且九十",意为年龄将近九十岁。

练习

1 解释文中加点的词。

① 窃 _____

② 恣 _____

③ 啮 _____

④ 易 _____

⑤ 殖 _____

⑥ 售 _____

⑦ 是 _____

⑧ 咸 _____

⑨ 为 _____

2 翻译。

① 陈忠患之。

_____

② 或教以术。

_____

68 晏婴对梁丘据

梁丘据谓晏子①曰："吾至死不及夫子矣!"晏子曰："尔语谬也。"梁丘据曰："人言夫子多智,善辩,吾何能及也。"晏子曰："婴闻之,为者常成,行者常至。婴非异于人也,常为而不置,常行而不休而已②。"梁丘据曰："吾自今知之,有志者事竟③成。"

注释

① 晏子:即晏婴,子是对他的尊称。他曾任齐国国相多年,能言善辩。 ② 而已:罢了。 ③ 竟:最终。

故事大意

梁丘据对晏婴说:"我到死也比不上你了!"晏婴说:"你说错了。"梁丘据说:"人们都说你多智,善辩论,我怎能比得上。"晏婴说:"我听说有这样的话:努力干了就会成功,尽力走了就会到达目的地。我跟别人没有什么不同的地方,经常干而不放弃,经常走而不停下罢了。"梁丘据说:"我从今天开始知道,有志者事竟成。"

小知识

1. 话说"夫子"。夫子是对人的敬称。如孔子,名丘,后世敬称他为孔夫子。孟轲,孔子学说继承人,后世也称他为孟夫子。"老夫子",旧时是对老师或有知识的老人的尊称。

2. 释"谬"。它指错。上文"尔语谬也",意为你的话错了。又,"其言不谬",意为他的话没错。又,"此谬论也",意为这是错误的论调。

练习

1 解释文中加点的词。

① 及 _____

② 至 _____

③ 置 _____

2 翻译。

① 吾至死不及夫子矣!

_____

② 婴非异于人也。

_____

69 王冕长明灯下苦读

王冕①七八岁时，父命牧牛，窃依学舍，听诸生诵书。听已，辄能默记，暮归，忘其牛。父怒，挞之，已而②复如初。母曰："儿嗜读，何不从其所为？"冕因去家，依寺而居。夜潜出，坐佛膝上，执策映长明灯③读之，琅琅达旦。佛像狰狞可怖，冕恬若不见。韩性闻而异之，录为弟子，冕后成大学问家。

注释

① 王冕(miǎn)：元朝著名画家、诗人。　② 已而：不久。　③ 长明灯：佛像前昼夜不熄的油灯。

故事大意

王冕七八岁时，父亲叫他放牛，他偷偷地靠在学堂边，听学生们读书。听完后，就能默默地记住。傍晚回家，竟把牛忘了。父亲发怒，打了他，不久他又像早先一样。母亲说："儿子喜欢读书，何不听从他要干的？"王冕于是离家，靠近寺庙住下来，夜间悄悄地出来，坐在佛像的膝盖上，拿着书本，在长明灯下读书，书声琅琅，一直到天亮。佛像狰狞可怕，王冕内心安然，如同没看到。韩性听说后，觉得王冕与众不同，便收他为学生。王冕后来成了大学问家。

小知识

1. 王冕幼时读书专心致志，好学不倦，甚至到达入迷的程度。这种好学的态度、顽强的学习精神，是他后来成为著名画家、诗人的基石。

2. 释"去"。上文"去家"中的去，指离开。与现代汉语中的去有很大差别。又，"去家为商"，意为离开家庭去经商。又，"去故乡十载"，意为离开故乡已十年了。

练习

1 解释文中加点的词。

　　① 窃 _____

　　② 已 _____

　　③ 辄 _____

　　④ 挞 _____

　　⑤ 潜 _____

　　⑥ 策 _____

　　⑦ 旦 _____

　　⑧ 怖 _____

　　⑨ 恬 _____

　　⑩ 录 _____

2 翻译。

　　① 何不从其所为？

　　_____

　　② 韩性闻而异之。

　　_____

70 岳飞大败 "拐子马"

金国大将兀（wù）术，有劲军，皆铁甲①铁盔，三马并联，以牛皮带贯之，号为"拐子马"。初，宋军不敢挡。后兀术以一万五千骑来袭，飞诫步卒以棒系刀，入壕，但砍马足。一马仆②，并联之二马遂不得行。宋朝官兵奋击，大败金军。自此，金军不敢贸然来犯。

注释

① 铁甲：用铁片制成的上衣，用来防弓箭。　② 仆：跌倒。

故事大意

金国大将兀术有强大的军队，都穿戴着铁甲铁盔，三匹马绑在一起，用牛皮带串联，称为"拐子马"。一开始，宋朝军队不敢抵挡。后来兀术又用一万五千骑兵来进攻，岳飞告诫步兵，在棒上扎刀，进入壕沟，只管砍金兵的马脚，一匹马跌倒，并联的其他两匹马就不能行动。宋朝军队奋力出击，大败金国军队。从此，金军不敢轻易进犯。

小知识

1. 自古以来,运兵打仗都讲究谋略。岳飞大败"拐子马",就是用了智取的方法。岳飞是南宋抗金名将,曾收复很多失地,可惜后来被投降派人物秦桧以"莫须有"(或许有)的罪名杀害。

2. 释"仆"。上文"一马仆"中的仆,指跌倒。又,"吾父年老,多次仆地",意为我父亲年老了,多次跌倒在地上。又,"足为石所绊,遂仆",意为脚被石头绊了,就跌倒了。

练习

1 解释文中加点的词。

① 劲 _____

② 号 _____

③ 袭 _____

④ 诚 _____

⑤ 系 _____

⑥ 但 _____

2 翻译。

① 以牛皮带贯之。

_____

② 金军不敢贸然来犯。

_____

71 孟母三迁

孟子^①幼时，其舍近墓，常戏为墓间丧葬之事。其母曰："是非儿所居处也。"遂徙居市旁。孟子又喜为贾人^②衒卖^③之事。母曰："此亦非儿所居处。"复徙居学堂旁。孟子乃学进退朝堂之事。母曰："此佳地。"遂久居焉。

注释

① 孟子：即孟轲。"子"是后人对他的敬称。　② 贾（gǔ）人：商人。　③ 衒（xuàn）卖：沿街叫卖。

故事大意

孟子小的时候，他家住在坟墓旁，于是常常玩丧葬相关的游戏。他母亲说："这里不是我儿子所能居住的地方。"就搬迁到集市旁居住。孟子又学商人沿街喊卖的事。母亲说："这也不是适合我儿子居住的地方。"又搬到学校旁。孟子就模仿做高官进出朝廷的礼仪。母亲说："这是好地方。"于是就长期居住下来。

小知识

1. 谚有"近朱者赤，近墨者黑"。环境对人的成长起很大作用。家中有阅读氛围的孩

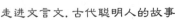

子,往往从小爱读书;父母爱动手制作的孩子,从小常会动手做各种东西。

2. 释"舍"。它指住房。上文"其舍近墓",意为他家的住屋靠近墓地。又,"吾舍在麓下",意为我的住屋在山脚下。又,"邻舍失火,众人急救",意为邻居房屋遭火灾,大伙儿急忙灭火。

练习

1 解释文中加点的词。

　　① 戏 _____

　　② 徙 _____

　　③ 亦 _____

　　④ 复 _____

　　⑤ 乃 _____

　　⑥ 佳 _____

2 翻译。

　　① 是非儿所居处也。

_____

　　② 遂久居焉。

_____

72 墨子责耕柱子

墨子^①怒耕柱子^②。耕柱子不服,曰:"我无愈于人乎?"墨子曰:"我将上太行山,有骥^③亦有牛,子将驾谁?"耕柱丞对:"用骥。"墨子曰:"何故驾骥而不用牛?"耕柱曰:"骥足以策,牛行迟,策亦无功。"墨子曰:"我亦以尔为骥也,故责之。"耕柱子顿悟。

注释

① 墨子:名翟。战国时墨家学派创始人。与孔子、孟子齐名。 ② 耕柱子:墨子的学生。 ③ 骥:马。

故事大意

墨子对耕柱子发怒。耕柱子不服气,说:"我没有比别人好的地方吗?"墨子说:"我将上太行山,有马也有牛,你看要用牛驾车还是用马驾车?"耕柱子立刻回答说:"当然用马。"墨子说:"为什么用马驾车而不用牛驾车?"耕柱子说:"马值得鞭打,牛走得慢,鞭打它也没用。"墨子说:"我也认为你是马,所以要批评你。"耕柱子顿时觉悟了。

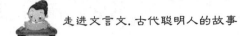

小知识

1. 墨子曾周游列国，在不断的学习和领悟中逐步形成了自己的学派，留下了许多"墨子名言"，体现了墨子的思想，即"兼爱""非攻""尚贤""尚同"等观点。

2. 释"责"。它指责备、批评。上文"故责之"，意为所以要批评你。又，"学而不专，师责之"，意为学习不专心，老师批评他。又，"无责，儿尚幼"，意为不要批评他，孩子还小。

练习

1 解释文中加点的词。

① 亦 _____

② 呕 _____

③ 对 _____

④ 策 _____

⑤ 悟 _____

2 翻译。

① 我无愈于人乎？

_____

② 子将驾谁？

_____

73 一箧磨穴砚

　　人有学书于邵氏者,方半载,自以为艺成,辞而欲归。师曰:"吾有一箧①物,不欲付他人,愿埋之于麓。"其人受之,行半途,因其封不甚密,乃启而视之,皆磨穴之砚也,方知师夙用之。顿②觉羞愧,乃谢求反,至精其艺。

注释

　　① 箧(qiè):竹箱子。　② 顿:立刻,马上。

故事大意

　　有人向姓邵的人学书法,才半年,自认为书法已学到手,便告别老师想回去了。老师说:"我有一竹箱东西,不想交给别人,希望把它埋在山脚下。"那学生接受了它,走到半路,因为竹箱上的封条不紧,便打开来看个究竟,原来都是磨出了洞的砚台,这才知道那是老师早年用过的。(学生)顿时感到羞愧,便向老师道歉,要求返回再学,直到书法精通。

小知识

　　1. 学无止境。任何一门专长,不是一年半载能掌握的。有人一辈子弹钢琴,但未成钢琴家。也有人一辈子学画,但未成画家。要精通一门技艺,那是十分艰苦的事。当然也有不少人成功的,都是靠毅力和智慧获得的。那位书法老师,用无言的教育,让学生懂得求艺的道理。

2. 释"启"。上文"乃启而视之"中的启,指开,打开。又,"犬吠,启门视,客来也",意为狗叫,开门一看,是客人来了。又,"吾不敢启齿,惧被拒",意为我不敢开口,担心被拒绝。又,"即日启程",意为当天开始上路。

练习

① 解释文中加点的词。
　　① 辞 _____
　　② 付 _____
　　③ 方 _____
　　④ 夙 _____
　　⑤ 谢 _____
　　⑥ 反 _____

② 翻译。
　　① 方半载。

　　_____

　　② 愿埋之于麓。

　　_____

74 蔡伦造纸

　　自古书契①，多编以竹简，其用缣②者，谓之纸。缣贵而简重。贵者，少有人市；重者，不便携。蔡伦出新意，用树皮、麻皮及敝布、鱼网制纸。元兴元年③，献于帝。帝善其能，自是莫不用也。伦封为龙亭侯④，故天下咸称"蔡侯纸"。

注释

　　① 契(qì)：合同。　② 缣(jiān)：细密的绢。　③ 元兴元年：即公元 105 年。"元兴"是东汉和帝的年号。　④ 侯：爵位名称。

故事大意

　　自古书籍与合同，多用竹片编成。那些用细绢做成的叫纸。然而细绢昂贵，而竹片又太重。贵的，很少有人买；重的，不便携带。汉朝的蔡伦出了新主意，用树皮、麻皮以及破旧的麻衣、葛衣和鱼网制作纸张。元兴元年，他把纸献给皇帝。皇帝赞扬他有才能，从此没有读书人不用纸的。蔡伦被封为龙亭侯，所以天下人都称它为"蔡侯纸"。

小知识

　　1. 我国古代有四大发明，都领先于世界。一是造纸术，二是指南针，三是火药，四是

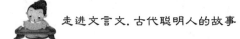

活字印刷。其中蔡伦改进的造纸术推动了中国、阿拉伯、欧洲乃至整个世界的文明发展。

2. 释"敝"。它指破旧。上文说的敝布,即为破旧的麻衣、葛衣等。又,"吾履敝,市新鞋",意为我的鞋子已破旧,要买新的。又,"屋敝,天雨则漏",意为屋子破旧了,天下雨就漏。

练习

1 解释文中加点的词。

① 市 _____

② 携 _____

③ 莫 _____

④ 故 _____

2 翻译。

① 多编以竹简。

_____

② 帝善其能。

_____

75 郑武公伐胡

昔者郑武公①欲伐胡②,先以其女妻胡君,以娱其意。后,问于群臣曰:"吾欲征,谁可伐者?"关思其对曰:"胡可伐!"武公怒而斥之,曰:"胡,兄弟之国也,安可伐?"胡君闻之,以郑为亲己也,遂不备。未数月,郑人袭胡,取之。胡君悔之莫及。

注释

① 郑武公:郑国国君。   ② 胡:胡国。它是一个靠近郑国的小国。

故事大意

从前郑武公想攻打胡国,他先把女儿嫁给胡国国君做妻子,以让胡国国君高兴。后来,郑武公问大臣们:"我想出征,哪个国家可以攻打?"关思其回答:"胡国可以攻打。"郑武公发怒了,骂关思其,说:"胡国与郑国是兄弟关系,怎么可以攻打?"胡国国君听说后,认为郑国跟自己关系亲密,就不作防备。不到几个月,郑国袭击胡国,而且攻占了胡国。胡国国君懊悔已来不及了。

小知识

1. 兵法上说：兵不厌诈。郑武公可谓十分有谋略，他通过迷惑胡国，趁胡国不防备，攻而取之。当然，他的成功是建立在牺牲女儿和大臣的基础上取得的，后人也因此褒贬不一。

2. 释"昔"。它指从前。如"昔与吾为友，今亡矣"，意为从前他跟我是朋友，如今已死了。又，"昔为农，今从商"，意为早先种田，如今经商。又，"昔为荒丘，今果树满山"，意为从前是荒山，如今满山是果树。

练习

1 解释文中加点的词。
　①征 _____
　②对 _____
　③斥 _____
　④备 _____

2 翻译。
　①先以其女妻胡君，以娱其意。

　_____

　②安可伐？

　_____

76 蒲松龄博采

蒲松龄①作《聊斋志异》，每临晨，携一瓷缸，中贮苦茗②，具烟一包，置行人大道侧，下铺芦垫，坐其上。见行道者，必强执与语，递以烟茗。搜奇说异，随人所知。渴则饮以茗，或以烟，必令畅谈乃已。偶闻一奇事，归而修改之。如是历二十余载，书方成。

注释

① 蒲松龄：清朝人，字留仙，所以也称蒲留仙。　② 苦茗：浓茶。

故事大意

蒲松龄写《聊斋志异》时，每到清晨，便带一只瓷缸，中间存放浓茶，又准备了一包烟，放在行人走的大路旁，下面铺着芦苇制的垫子，坐在上面。看到有人走过，一定要竭力拉住对方，跟他谈谈说说，还送上烟和浓茶。搜集奇奇怪怪的事，只要对方知道的都让对方说。对方嘴干了，送上茶，或者递上烟，一定要让对方畅快地说完才停止。偶尔听到一件奇怪的事，他回家后就修改成篇。像这样经过二十多年，《聊斋志异》才写成。

小知识

1.《聊斋志异》是一部文言短篇小说集,共 400 多篇,作者以谈狐说鬼的形式,对当时黑暗社会与官吏的罪恶多有揭露,对封建的科举制度也有所批评,对善良的人也有赞美,书成后流传很广。

2. 释"具",它指备,准备。上文"具烟一包"中的具,即指准备。又,"主人具佳肴待吾",意为主人准备了好吃的食品等待我。又,"其毛笔大小均具",意为他大小毛笔都准备好了。

练习

1 解释文中加点的词。

①临 _____

②贮 _____

③置 _____

④侧 _____

⑤递 _____

⑥已 _____

⑦载 _____

⑧方 _____

2 翻译。

见行道者,必强执与语。

77 何易于挽纤

何易于为益昌①县令。县府距州四十里。州官崔朴乘春,与②宾客泛舟路过益昌,索民挽纤,何易于身引舟。朴惊问。易于曰:"方春,百姓耕且蚕,唯令无事,可任其劳。"朴愧,与宾客骑马疾去。

注释

① 益昌:古地名。   ② 与:带领。

故事大意

何易于做益昌地方的县官。县府距离州府四十里。州的长官崔朴乘着春天,带领宾客坐船路过益昌,寻找百姓替他拉纤。何易于亲自去拉纤。崔朴惊讶地问(他为什么这样做)。何易于说:"现在正当春天,百姓男的要耕田,女的要养蚕,只有我没事可干,可以担任这劳役。"崔朴感到惭愧,带领宾客骑着马赶快离去。

小知识

1. 古代行政区域有时分州、郡、县三级,有时分州、县两级,情况各不相同。县的长官

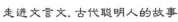

叫"令",郡的长官叫"守",州的长官叫"刺史"。何易于是县官,而崔朴是他的上级。何易于为崔朴拉纤,是无声的批评。一个为民,一个劳民,他们判若云泥。

2. 释"疾"。它指快速。上文"疾去",指赶快离开。又,"疾风倒树",意为快速的大风把树吹倒了。又,"若疾行,半日可至",意为如果快走,半天就能到达。

练习

1 解释文中加点的词。
　①索 ＿＿＿＿＿
　②挽 ＿＿＿＿＿
　③方 ＿＿＿＿＿
　④任 ＿＿＿＿＿
　⑤劳 ＿＿＿＿＿

2 翻译。
　① 何易于身引舟。

　＿＿＿＿＿＿＿＿＿＿＿＿＿＿＿＿＿＿＿＿

　② 唯令无事。

　＿＿＿＿＿＿＿＿＿＿＿＿＿＿＿＿＿＿＿＿

78 诸葛亮擒孟获

诸葛亮①南征,屡战皆捷。闻有孟获者,勇士也,为当地人服。亮谓将士曰:"若得获,生致之。"既得获,使观营阵。获曰:"向不知虚实,故败,今观尔营阵,定胜尔!"亮笑,纵之,使更战。七纵七擒,而亮又欲释获。获曰:"公②有智也,吾不复反矣!"亮使获治其地。

注释

① 诸葛亮:刘备的谋士,曾任丞相。　② 公:对诸葛亮的尊称。

故事大意

诸葛亮向南出征,多次战争都获胜。听说南方有个叫孟获的,是个勇敢的人,为当地人所钦佩。诸葛亮对将士说:"如果抓住孟获,要活的送上来,不要杀死他。后来抓住了孟获,让他看营垒和阵势。"孟获说:"早先我不知道你们的真实情况,如今看了,一定能战胜你们!"亮笑笑,释放了他,让他再来作战。孟获七次被抓住,诸葛亮又七次释放了他。孟获说:"您有智慧,我不再反抗了。"诸葛亮让他管理当地。

小知识

1. 话说诸葛亮。诸葛亮字孔明。刘备曾三次上门请他出来，世称"三顾茅庐"。他曾隐居南阳，关心时势。诸葛亮出山后成了刘备的谋士，后为丞相，曾联合孙权在赤壁之战中大败曹操。

2. 释"向"。它指早先。上文"向不知虚实"中的向，即指早先。又，"向吾为农，今为商"，意为我早先是种田的，如今做了商人。又，"向读之书，今仍能背诵"，意为早先读过的书，如今还能背诵。

练习

1 解释文中加点的词。

① 征 _____

② 屡 _____

③ 捷 _____

④ 服 _____

⑤ 若 _____

⑥ 既 _____

⑦ 纵 _____

⑧ 更 _____

⑨ 释 _____

⑩ 治 _____

2 翻译。

生致之。

_____

参 考 答 案

1 鲁宗道实言答宋帝

1. ① 曾经 ② 回答 ③ 全,都 ④ 谢罪 ⑤ 所以

2. ① 该如何回答? ② 要是这样鲁公就获罪了。

2 文氏儿子穷则思变

1. ① 帮工 ② 年 ③ 借 ④ 买 ⑤ 尽

2. ① 没钱买树苗。 ② 我们比不上儿子。

3 杨生"钓"黄鼠狼

1. ① 喜欢 ② 幼小的禽类动物 ③ 出卖 ④ 讨取 ⑤ 扎 ⑥ 急忙

2. 杨生对此感到忧虑。

4 刘邦负伤劳军

1. ① 一一地斥责 ② 抚摸 ③ 脚趾 ④ 安定

2. 张良硬要汉王起身巡视慰劳军队。

5 范忠宣行植桑减罪

1. ① 习惯　② 从事　③ 少　④ 茂盛　⑤ 怀念
2. 范忠宣对此感到忧虑。

6 刘颇当机立断

1. ① 堵住　② 恰逢　③ 就　④ 都
2. ① 没有任何办法。　② 挥动马鞭快马而到。

7 李德裕不对宰相

1. ① 聪明　② 英俊　③ 官　④ 探问　⑤ 回答　⑥ 又　⑦ 惭愧
2. ① 第二天,武元衡一一地告诉吉甫。　② 所以不回答。

8 拷打羊皮定案

1. ① 放下　② 垫　③ 结果　④ 主人　⑤ 放,安放
2. ① 就向官府告状。　② 都没人回答。

9 钱若赓断鹅

1. ① 拿着　② 店铺　③ 诬赖　④ 英明
2. ① 向官府告状。　② 人们对此没有不感到惊讶的。　③ 人们对此感到奇怪。

10 萧何远虑

1. ① 争着　② 奔　③ 离开
2. ① 项王与诸侯的军队在咸阳烧杀一番后离去。　② 都是因为萧何得到了秦王朝的全部文献资料。

11 朱元璋画像

1. ① 召聚　② 画　③ 好　④ 极其　⑤ 被　⑥ 等到　⑦ 也　⑧ 探究　⑨ 看　⑩ 原来

2. ① 都不称心满意。　② 别的画师不知道(其中原因)。

12　唐临出囚

1. ① 适逢　② 禀告　③ 担当　④ 全部　⑤ 都
2. ① 我唐临请求独自承担罪责。　② 命他们耕作完毕都回到监狱。　③ 唐临因此知名。

13　子贡论孔子

1. ① 回答　② 拜……为师　③ 小孩　④ 老人
2. ① 你拜谁为师?　② 高多少?

14　何晏争自由

1. ① 极,其　② 因为　③ 使　④ 立即
2. ① 自己站在里面。　② 别人问他这是怎么回事。

15　杨修啖酪

1. ① 馈赠　② 写　③ 没有谁　④ 又
2. ① 众人没有谁能理解(这个"合"字是什么含义)。　② 又有什么好怀疑的呢?

16　狄青不去面文

1. ① 原本　② 多次　③ 到　④ 地位高　⑤ 只　⑥ 故意　⑦ 勉励
2. 皇帝从此更加喜欢他。

17　文徵明故意说谎

1. ① 遇到　② 识别　③ 有人　④ 全
2. 尤其擅长识别古代书画的真假。

18　张升辨奸

1. ① 超过　② 取水　③ 大声　④ 聚集　⑤ 检验
2. ① 就报告官府,或就此事让官府知道。　② 唯有这妇人凭什么知道这是她的丈夫?

19　宋濂诚实

1. ① 是　② 菜肴　③ 一一地,都
2. ① 的确是这样,你没欺骗我。　② 所以了解他们。　③ 所以皇帝敬重他。

20　胡焕冰冻城墙

1. ① 侵略　② 拿着　③ 遇到　④ 再
2. 好几百个敌人被射死,敌人急忙逃跑。

21　杨靖与猴弈

1. ① 偷看　② 此指隐去　③ 比赛　④ 关押　⑤ 存放　⑥ 想　⑦ 所以
2. 有人说杨靖擅长下围棋。

22　曹植七步成诗

1. ① 曾经　② 命令　③ 哭泣
2. 魏文帝听了深感惭愧。

23　闵子骞顾大局

1. ① 死　② 又,再　③ 抓住　④ 是　⑤ 走上前　⑥ 也
2. ① 你离开不要留下。　② 对待闵子骞像自己亲生的一样。

24　光逸冻卧县令被中

1. ① 官府差役　② 恰巧　③ 如果　④ 睡　⑤ 怀疑　⑥ 再

2. 为什么要吝惜一条被子而让一个人死去？

25 刘山善猎

1. ① 山脚　② 像　③ 就　④ 所以　⑤ 原因
2. 认为是同伴。

26 杨务廉制作"机械人"

1. ① 曾　② 和尚　③ 讨取　④ 放　⑤ 年
2. 人们争着观看。

27 子罕不受玉

1. ① 有人　② 极　③ 赞扬
2. ① 把它献给子罕。　② 如果把它给了我，我们两人都失去了珍宝。

28　一字师

1. ① 和尚　② 写　③ 拜见　④ 说，写道　⑤ 立刻
2. 读书人把郑谷作为齐己的"一字师"。

29　原谷收舆

1. ① 讨厌　② 这　③ 违背　④ 听从　⑤ 再　⑥ 惭愧　⑦ 装载
2. ① 哪有因年老而抛弃他的呢？　② 你为什么要收回这不吉利的小车？

30　曹彬攻打金陵

1. ① 都　② 希望　③ 只，只需　④ 等到
2. ① 不胡乱杀害一个人。　② 众将答应了。

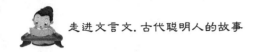

31 疏广不留遗产

1. ①将 ②糊涂 ③考虑 ④足够 ⑤再
2. ①有才能的就会伤害他的志向。 ②愚笨的会增加他的过错。

32 程颢治不法之徒

1. ①靠近 ②很 ③追究 ④拉，牵引
2. ①并且调查为非作歹的人。 ②从此境内不再有烧船的祸患。

33 匡衡凿壁偷光

1. ①达到。此指烛光透不过来 ②同乡 ③做雇工 ④报酬 ⑤尽 ⑥借
2. 主人感到很奇怪，问匡衡。

34 陶母责子

1. ①曾 ②送 ③批评 ④你
2. ①母亲封了坛子回信。 ②不只没好处，反而增加了我的烦恼。

35 商鞅徙木立信

1. ①召集 ②搬迁 ③放 ④就 ⑤终于
2. ①百姓对此感到奇怪，没有人敢搬。 ②用来表明不欺骗人。

36 董遇论"三余"

1. ①说 ②含义 ③随时
2. ①苦在没时间读书。 ②夜里是白天的多余时间。

37 谢道韫一句成名

1. ①含义，道理 ②紧急 ③如，像

2. ① 过了一会儿雪下得很急。　② 这白雪纷纷像什么？

38　阿柴折箭喻理

1. ① 到　② 死　③ 给　④ 一会儿　⑤ 巩固　⑥ 死
2. 孤零零的一支箭容易折断,多了就很难折断。

39　陈元方答客

1. ① 到　② 抛弃　③ 离开　④ 回头看
2. ① 你父亲在不在家？　② 抛弃我独自离去。

40　解铃还需系铃人

1. ① 轻视　② 器重　③ 和尚　④ 回答　⑤ 恰巧　⑥ 立刻
2. ① 又不干活。　② 老虎头颈上的金铃,谁能解下来？

41　"圣小儿"祖莹

1. ① 背诵　② 爱好　③ 怕　④ 病　⑤ 隐藏　⑥ 睡　⑦ 聪明
2. 以防漏出光亮,被家里人发觉。

42　王安期不鞭书生

1. ① 逮捕　② 用鞭子打　③ 树立　④ 根本　⑤ 让,叫
2. 从老师家中学习后回家。

43　公孙仪不受鱼

1. ① 爱好　② 全　③ 争着　④ 买　⑤ 规劝　⑥ 歪曲　⑦ 罢免　⑧ 买　⑨ 认为
2. 因为爱好吃鱼,所以不接受。

44　陶侃惜谷

1. ① 曾　② 视察　③ 拿　④ 说　⑤ 官府的差役　⑥ 遇到
2. 你不种田,还要祸害别人家的稻子!

45　曾参不受赠地

1. ① 送　② 又　③ 送　④ 傲视　⑤ 用来
2. ① 穿着破旧的衣服耕种。　② 为什么不接受?

46　馆竖子的好主意

1. ① 味美　② 对的　③ 等待
2. 两只老虎正要吃牛。

47　王安石改诗

1. ① 回家　② 草稿　③ 开始　④ 又　⑤ 好　⑥ 开始　⑦ 流传　⑧ 极
2. 这样修改共有十来个字。

48　薛谭学讴于秦青

1. ① 唱歌　② 向　③ 告辞　④ 阻止　⑤ 道歉,认错
2. ① 没全部掌握秦青的技巧。　② 清亮的回响遏止了天上飘的云。

49　欧阳询观古碑

1. ① 曾　② 停下　③ 很　④ 才　⑤ 停　⑥ 等到　⑦ 才
2. ① 便铺开皮衣坐着观看。　② 所以他的书法一天比一天精妙。

50　望梅止渴

1. ① 于是　② 多　③ 指代曹操的话　④ 到

2. 凭借这个办法得以到达前面有水源的地方。

51　猿"送"宝石

1. ① 边远的地方　② 到达　③ 熟悉,习惯　④ 小石子　⑤ 差的　⑥ 是
2. 出卖宝玉能得到高价。

52　子奇治县

1. ① 派　② 坐车子　③ 决断　④ 熔化　⑤ 就
2. ① 不久齐君又懊悔了。　② 魏国想攻打阿县。

53　范元琰为人善良

1. ① 等到　② 曾　③ 立刻　④ 泄露
2. ① 不用自己的长处傲视别人。　② 一一地把实情回答。

54　有罪裹碧头巾

1. ① 才　② 解除　③ 羞耻　④ 互相
2. 只让他们裹绿色的头巾来羞辱他们。

55　樊重树木

1. ① 讥笑　② 你　③ 这　④ 回答　⑤ 停止
2. ① 然而一年又一年过去。　② 远远比不上樊重。

56　一行尊法

1. ① 同情,可怜　② 救助　③ 等到　④ 到　⑤ 急忙　⑥ 就
2. ① 皇帝很器重他。　② 我可以用十倍的财物报答你。

57　华佗巧治郡守病

1. ① 施加　② 信　③ 追

2. 没多久抛下郡守离开了。

58　喻皓建斜塔

1. ① 是　② 著名　③ 怎　④ 这　⑤ 猛烈

2. ① 人们都对此感到奇怪。　② 有人问他。　③ 所以他的名声远近都知。

59　俞明钓鱼

1. ① 条　② 还　③ 跟随　④ 空　⑤ 回答　⑥ 坚持　⑦ 愚蠢　⑧ 也

2. 邻居问我其中的窍门。

60　韩信钻裤

1. ① 侮辱　② 佩带　③ 嘲笑

2. 认为韩信胆小。

61　诸葛恪得驴

1. ① 聚集　② 写　③ 全

2. ① 恳请给我一支笔增加两个字。　② 孙权便把驴子赏赐给了诸葛恪。

62　王戎识李

1. ① 众　② 果　③ 回答

2. 很多小孩争着奔过去摘李子。

63　魏文侯按时猎

1. ① 约定　② 这　③ 畅快　④ 恰巧　⑤ 停止

2. ① 您将到何处去？　② 怎能被别人相信呢？

64　王著教宋太宗习字

1. ① 也　② 派　③ 好　④ 问　⑤ 本　⑥ 超过
2. ① 几次让太监拿了字给王著看。　② 王著像开始一样回答。

65　曾参教子

1. ① 到，往　② 哭　③ 开玩笑
2. 这不是用来教育孩子的方法。

66　银工家出宰相

1. ① 在　② 美好　③ 一点也（没有）　④ 也
2. 有人把他的出身拿来嘲笑他。

67　陈忠溺鼠

1. ① 偷（吃）　② 放纵　③ 吃　④ 改换　⑤ 繁殖　⑥ 出卖　⑦ 这　⑧ 都　⑨ 被
2. ① 陈忠对此感到忧虑。　② 有人教给他方法。

68　晏婴对梁丘据

1. ① 比得上　② 到达目的地　③ 放弃
2. ① 我到死也比不上你了！　② 我跟别人没有不同的地方。

69　王冕长明灯下苦读

1. ① 偷偷地　② 完　③ 就　④ 打　⑤ 悄悄地　⑥ 书本　⑦ 天亮　⑧ 恐怖，可怕　⑨ 安然　⑩ 收
2. ① 为什么不听从他要干的（事情）？　② 韩性听说后认为王冕与众不同。

167

70　岳飞大败"拐子马"

1. ① 强大　② 称　③ 攻打　④ 告诫　⑤ 扎　⑥ 只
2. ① 用牛皮带串连。　② 金军不敢轻易进犯。

71　孟母三迁

1. ① 游玩　② 搬迁　③ 也　④ 又　⑤ 就,才　⑥ 好
2. ① 这里不是我儿子居住的地方。　② 就长久住下来了。

72　墨子责耕柱子

1. ① 也　② 立刻　③ 回答　④ 鞭打　⑤ 领会
2. ① 我没有比别人好的地方吗?　② 你将用牛还是用马驾车?

73　一箧磨穴砚

1. ① 告别　② 交给　③ 才　④ 早先　⑤ 道歉　⑥ 同"返"
2. ① 才半年。　② 希望把它埋在山脚下。

74　蔡伦造纸

1. ① 买　② 携带　③ 没有　④ 所以
2. ① 多用竹片串连。　② 皇帝称赞他有才能。

75　郑武公伐胡

1. ① 出战　② 回答　③ 骂　④ 防备
2. ① 先把女儿给胡君做妻子,用来使胡君开心。　② 怎么可以攻打?

76　蒲松龄博采

1. ① 到　② 存　③ 放,安放　④ 旁　⑤ 送上　⑥ 停止　⑦ 年　⑧ 才

2. 看到路上走过的人,一定要竭力拉住跟他说话。

77 何易于挽纤

1. ① 寻找 ② 拉 ③ 正当 ④ 担任 ⑤ 劳役
2. ① 何易于亲自给船拉纤。 ② 只有我县官没事可做。

78 诸葛亮擒孟获

1. ① 出战 ② 多次 ③ 胜利 ④ 钦佩 ⑤ 如果 ⑥ 已经 ⑦ 放 ⑧ 再 ⑨ 放 ⑩ 管理
2. 活捉后把他送上来。